Computer Reservation System

CRS 항공여객 예약 실무

서선 저

(주)백산출판사

Contents

CRS 항공여객 예약 실무에 들어가며~~~

□ 항공 관련 3과목

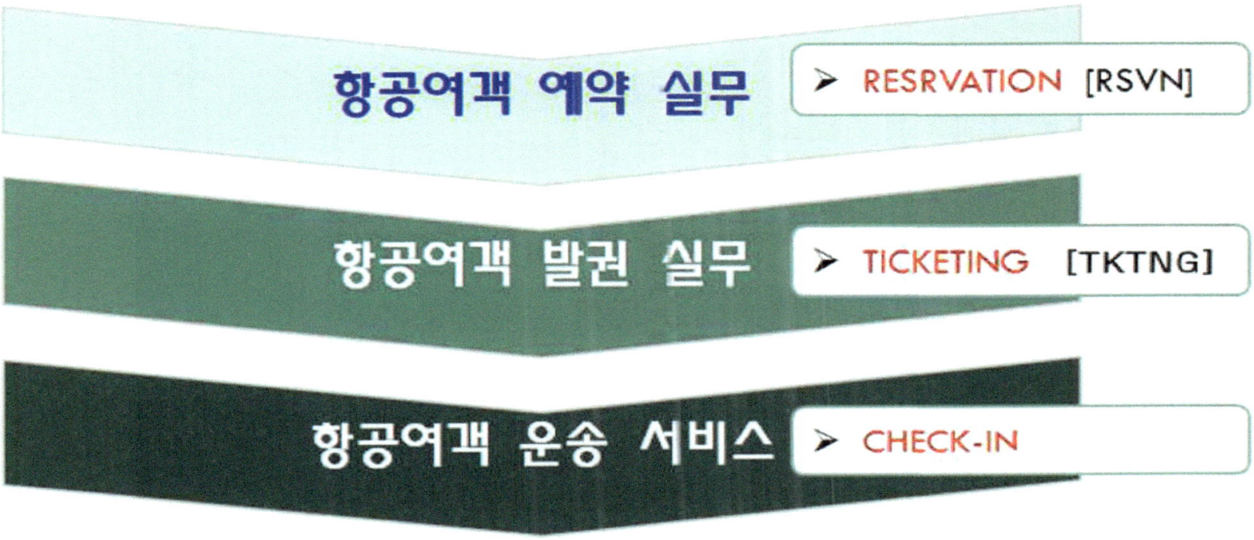

1. 나의 컴퓨터 능력은?

   상 ——— 중 ——— 하

2. 나의 영문 타자 능력은?

   상 ——— 중 ——— 하

3. 나의 세계지리 관심은?

   상 ——— 중 ——— 하

CRS 항공여객 예약 실무 강의 개요

- 관광산업의 중요 교통수단인 항공기 이용을 위한 CRS 항공여객 예약 기능을 익힌다.

- 활용 가능한 관광분야는?
  - 항공사 콜센터 등
  - 여행사(여행사 채용 우대사항)
    [채용공고, CRS 자격증 소지자 우대]

- 이용 Tool : CRS(Computer Resevation System) 중
  Topas SellConnect(대한항공 포함 다양한 항공사 예약에 이용)

- 강의 수강 후, '항공예약 2급 자격증' 취득이 가능
  - 취득 자격증은 여행사 채용 우대사항에 해당함

CHAPTER 1

항공여객 서비스 개요 분석

제1장 항공여객서비스 개요 분석

I. 항공운송산업구조 파악하기

1. 항공산업의 개요

1.1 항공산업의 정의 & 항공산업의 종류

> 항공운송산업 정의
> [항공법 제2조 제26항]

타인의 수요에 부응하고 항공기를 사용하여 유상으로 여객, 화물, 우편물을 수송하는 사업

운송형태에 의한 분류	① 정기항공운송사업 ② 부정기항공운송사업 ③ 항공기사용사업
운송대상에 의한 분류	① 여객운송사업 ② 화물운송사업 ③ 우편물운송사업
운송지역에 의한 분류	① 국내항공운송사업 ② 국제항공운송사업

> 항공산업의 범주

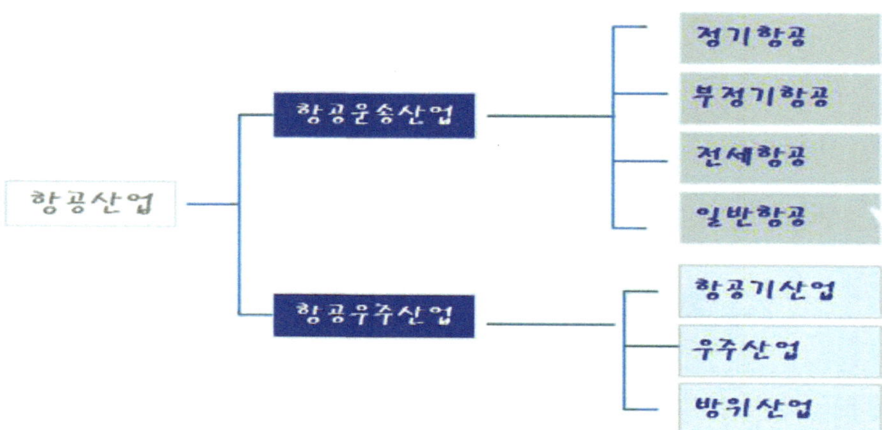

- 사업용 항공
  - 개인사업/기업용 항공기
- 개인용 항공[자가용 항공기]
- 교육용 항공
- 상업 및 산업용 항공
  - 항공방제 및 측량
  - 항공관측 및 어군탐지
  - 관광, 택시운송
  - 소방 및 교통통제
  - 자연보호 감시

1.2 항공산업의 발달과정

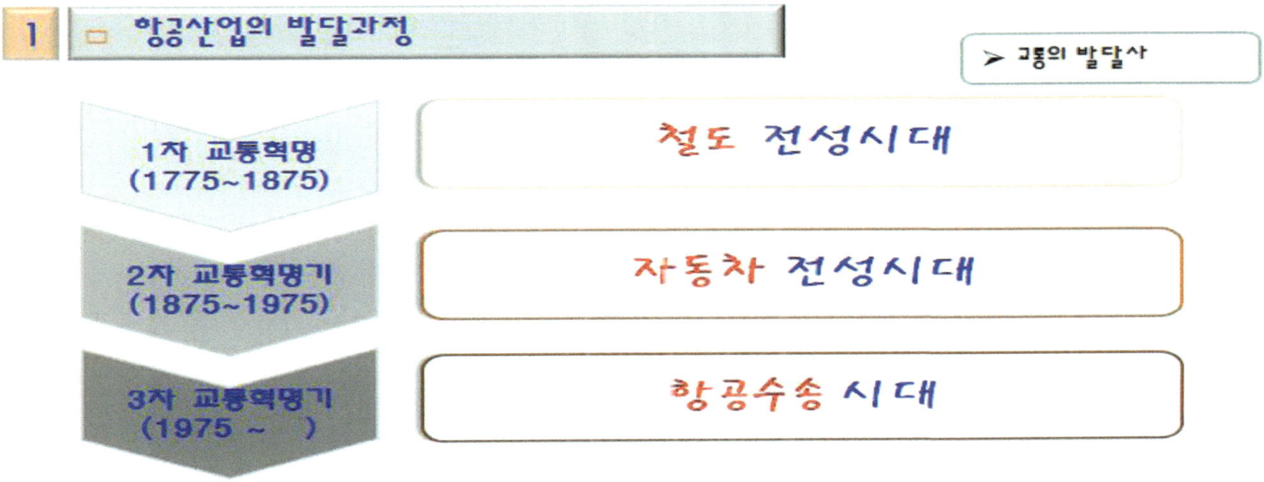

- 18세기 이후 교통의 발달사를 보면 산업혁명 직후인 1775-1875년까지의 100년간은 제1차 교통혁명기로써 영국에서 발명된 철도를 중심으로 발달한 철도 전성시대였으며,
- 1875-1975년의 100년간은 제2차 교통혁명기로써 미국을 중심으로 발달한 자동차 전성시대였다.
- 1975년 이후 2천년대 중반까지가 제3차 교통혁명기로써 항공기를 중심으로 항공 수송 전성시대가 현재 진행되고 있다.

- <u>항공산업 발달과정별 주요 특성</u>

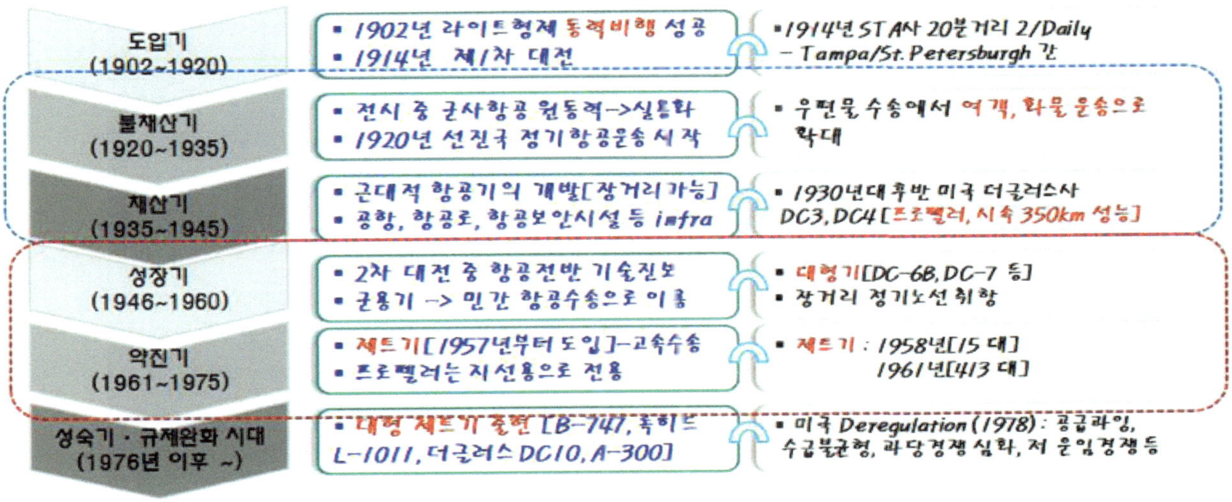

1.3 항공사의 기본활동 영역

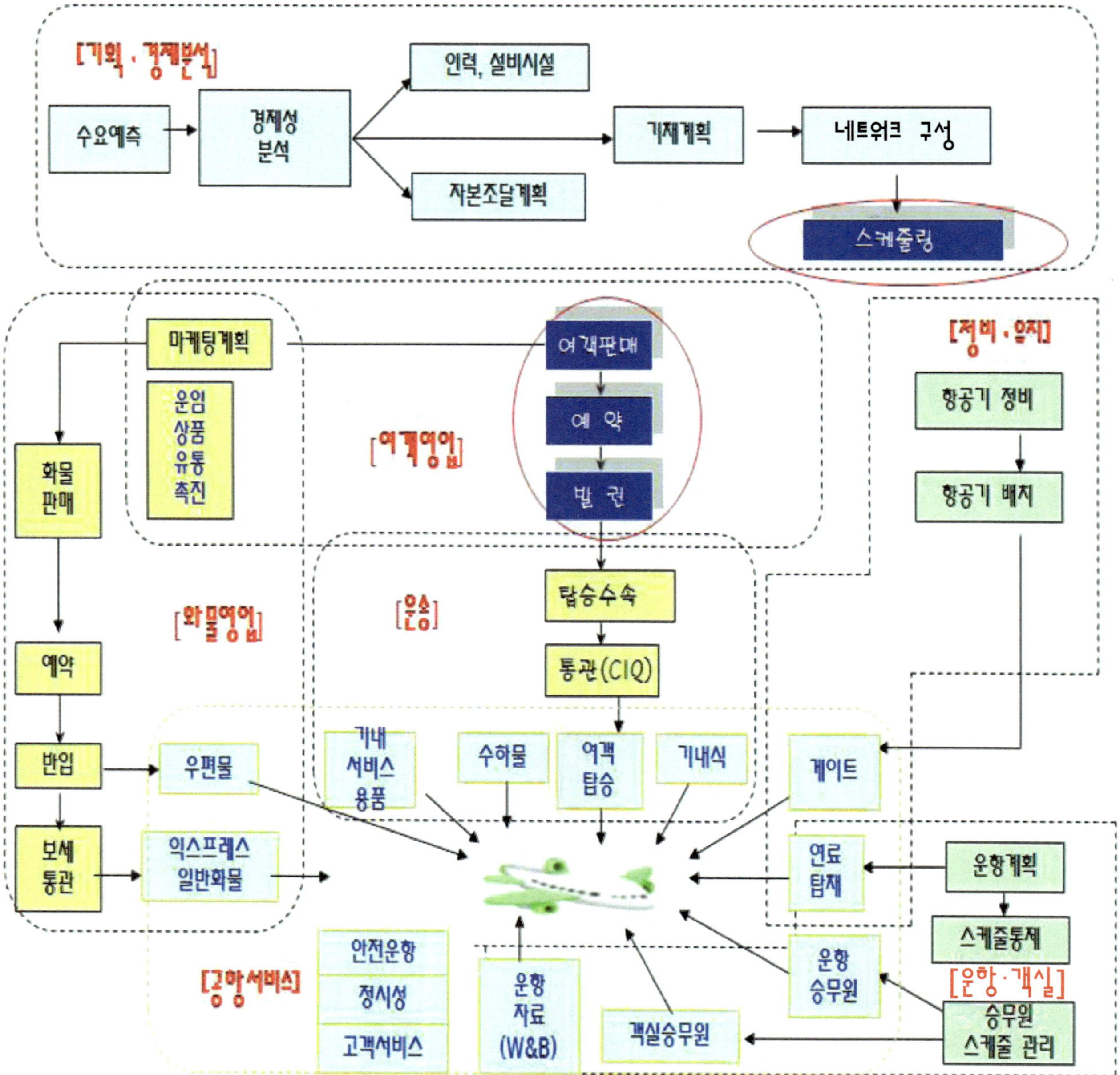

1.4 한국의 항공운송산업 발달과정

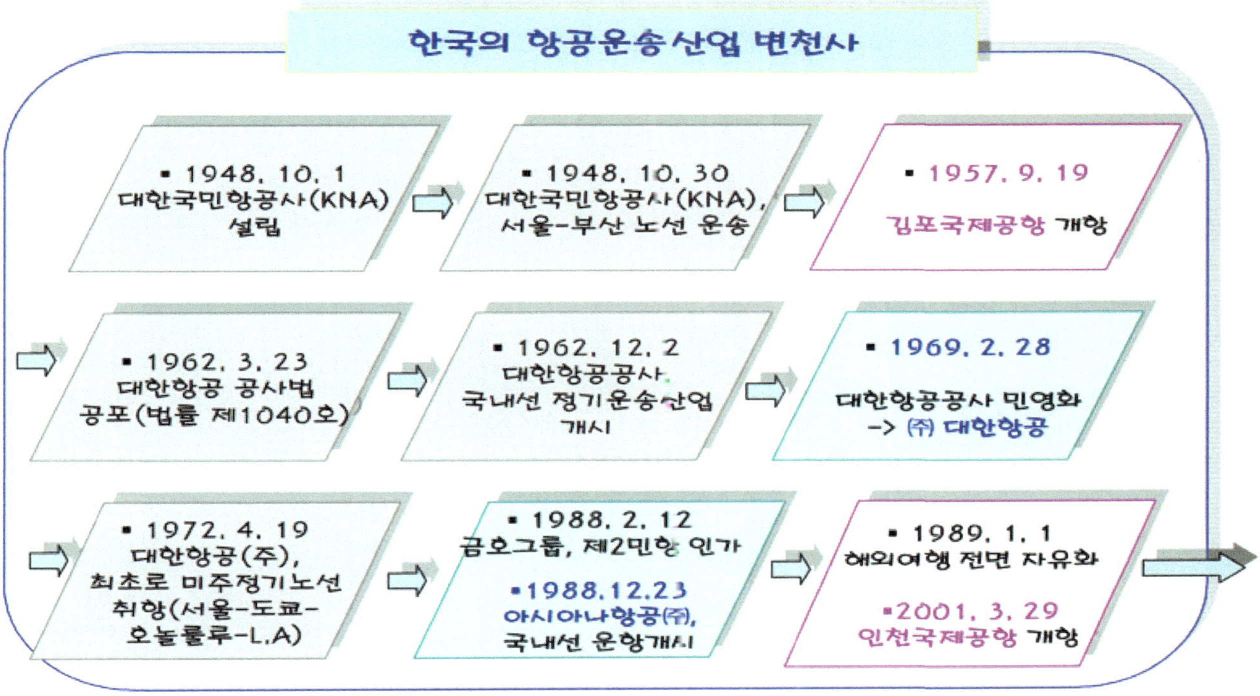

※추가 변동 사항

2. 항공사 비즈니스모델 변화추세

2.1 FSC : Full Service Carrier

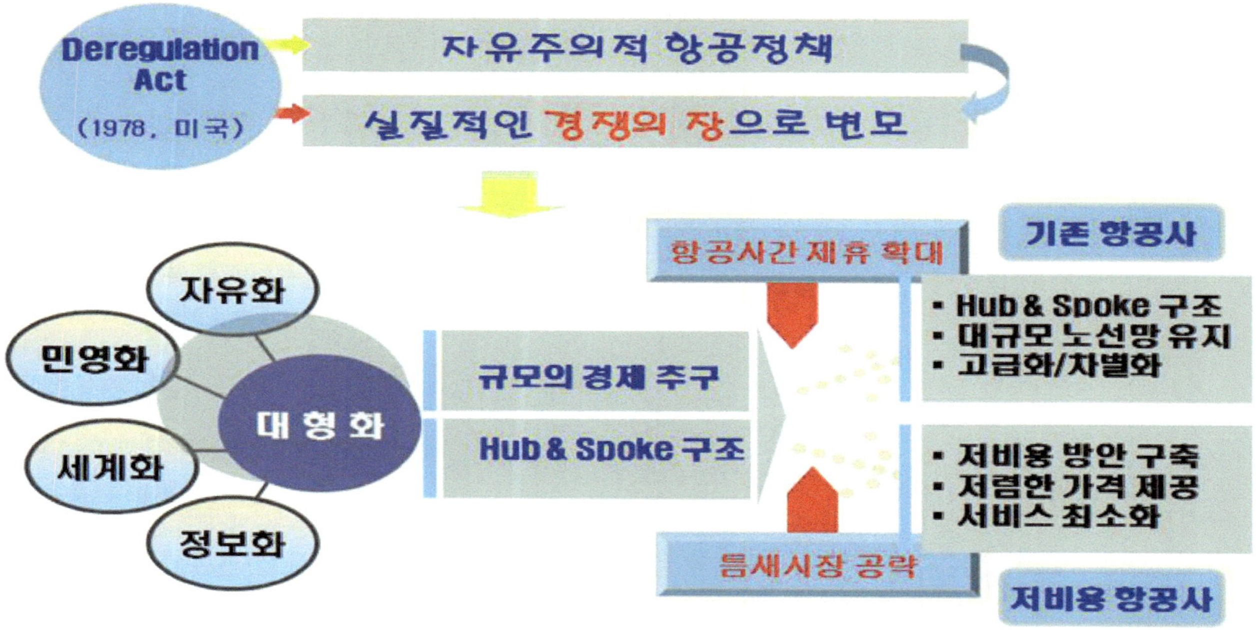

[[▼]]

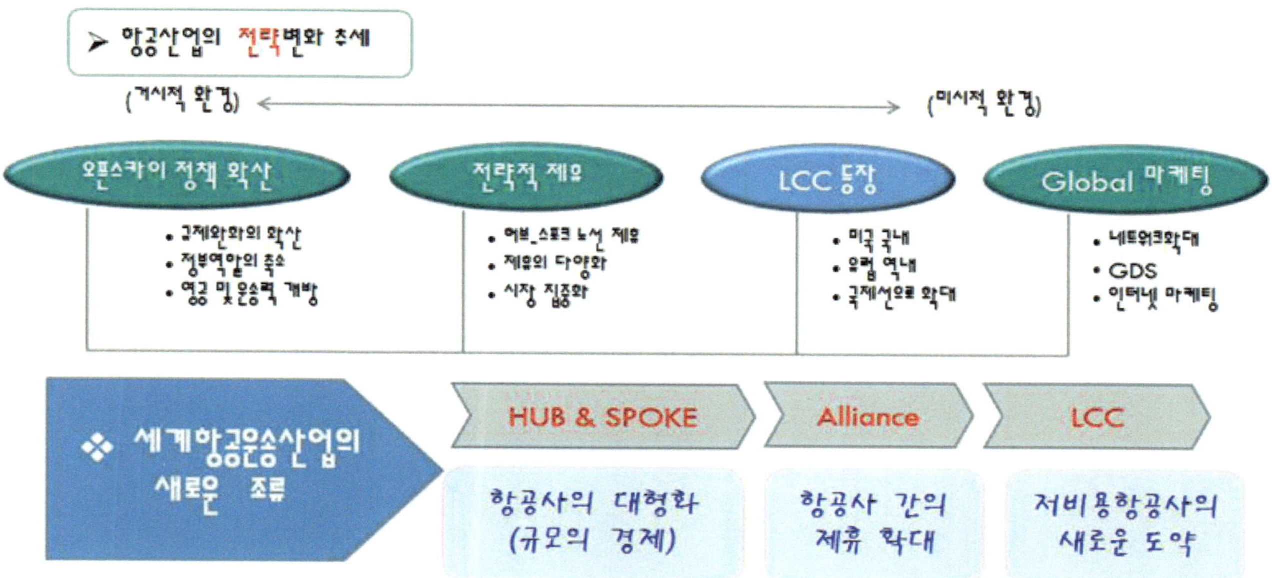

2.2 LCC : Low Cost Carrier

저비용 항공사 개념

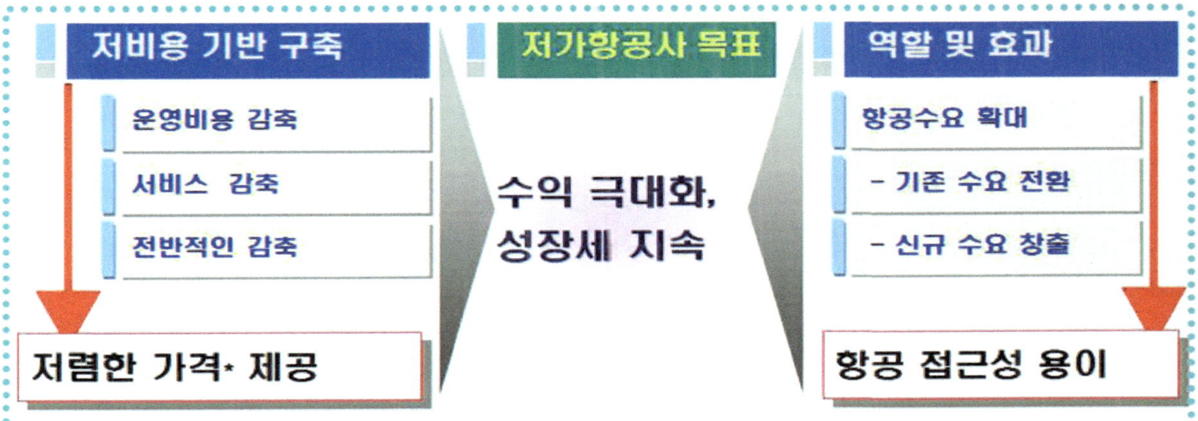

* 저가항공사의 가격 기준 : 기존항공사 가격의 최대 66%까지를 저가항공사로 분류.
(50% 이하 - 진정한 저가항공사, 50~66% - 중가항공사로 분류 하기도 함.)

저비용 기반 구축

운영비용 감축	서비스 감축	전반적인 감축
두 지점 간 운영 (point to point)	기내식 서비스 생략 (no-frill)	유통비용 절감
단일 기종 운영	단일 좌석등급 운영	인건비 절감
제2공항 이용	좌석번호 미배정	
지상 대기시간 최소화	마일리지카드, 항공사 간 제휴 미운영	
높은 항공기 가동률	공항라운지 미운영	
	수화물 반입 제한	

2.3 대한민국 국적 항공사 파악하기

대한민국 국적 항공사는?			
1.	2.	1.	2.
3.		3.	
1.	2.	1.	2.
3.		3.	
1.	2.	1.	2.
3.		3.	
1.	2.	1.	2.
3.		3.	
1.	2.	1.	2.
3.		3.	
1.	2.	1.	2.
3.		3.	

※ 작성 기준

1. 항공사 구분 기준 : **FSC**(Full Service Carrier),
   LCC(Low Cost Carrier=저비용 항공사)

2. **항공사 Code**(2Letter)

3. 설립연도 / 항공기 보유 대수 / 임직원 수

> Tip 항공예약 관련 용어 모음 : 항공 업무에 사용되는 용어(특히 약어) 숙지가 중요.

용어(약어)	내 용	
PNR	Passenger Name Record (= Reservation Number = 예약번호)	
Entry	(엔트리) 지시어	
Element	(엘러먼트) PNR 구성요소 (ex. 이름, 여정, 전화번호, 특별 요청사항 등)	
Retrieve	(리트리브) 조회하다 (or 불러오다~) 또는 Display라고도 함	
Ignore	(이그노) 취소하다 or 무시하다 [지시어 = Entry : IG]	
Transaction	(트랜잭션) 실행하다 (or Action을 취하다~)	
FLT SKD	(훌라이트) Flight & (스케줄) Schedule의 약어	
PAX	(팩스) Passenger (여객) ⇒ 때로는 PAXS로 복수의 고객 의미	
SVC	(서비스) Service의 약어	
BKG CLS	(부킹) Booking - Booking Class (예약 Class 설명에 사용)	
CNXL	(캔슬) Cancel 취소하다	
RSVN	Reservation (=예약)	
SEG	(세그) Segment (여정의 구간)	
TKT	(티켓) Ticket ⇒ Ticketing (TKTNG=항공권 발권)	
INDIVI	(인디비) Individual (개인 고객 의미) 약어	
GRP PTY	(그룹) Group (단체) & Party (일행) 약어	
Adult	성인 (만 12세 이상 ~)	ADLT
Child	소아 (만 2세 이상 ~ 만 12세 미만)	CHLD or CHD
Infant	유아 (생후 7일 이상 ~ 만 2세 미만)	INFT or INF

용어(약어)	내 용

2.4 항공사 부가 서비스(Ancillary Service) 수수료(Fee)

항공사	
Baggage (위탁/휴대 수하물)	
Food & Beverage	
In-flight Entertainment	
좌석배정 (앞좌석)	
예약/여정 변경	

항공사	
Baggage (위탁/휴대 수하물)	
Food & Beverage	
In-flight Entertainment	
좌석배정 (앞좌석)	
예약/여정 변경	

※ 위탁수하물(Checked-Baggage), 휴대수하물(Carry-on Baggage)

항공사	
Baggage (위탁/휴대 수하물)	
Food & Beverage	
In-flight Entertainment	
좌석배정 (앞좌석)	
예약/여정 변경	

항공사	
Baggage (위탁/휴대 수하물)	
Food & Beverage	
In-flight Entertainment	
좌석배정 (앞좌석)	
예약/여정 변경	

※ 위탁수하물(Checked-Baggage), 휴대수하물(Carry-on Baggage)

3. 항공운송기구의 역할

: 항공관련 국제기구(ICAO, IATA, OAG)

3.1 항공관련 국제기구 : ICAO, IATA

국제항공의 원칙과 기술을 발달시키고
국제항공운송의 계획과 발전을 촉진하는데 설립목적이 있다.

ICAO(International Civil Aviation Organization)

- ✓ 1947년 4월 4일, 국제민간항공기구로 설립
- ✓ 우리나라(6차 총회인 1952년 12월 11일부로 가입)
- ✓ 회원국 193개국(2022년 현재)
- ✓ 본부 : 캐나다 몬트리올

IATA(International Air Transport Association)

- ✓ 1945년 캐나다 몬트리올 소재, 지역별 8개의 지역 사무소 소재)

119개국 286

- ✓ 회원국 120개국 240개 회원사(31개 국가 57개 회원사로 시작)
- ✓ 모든 항공사의 규정과 규칙을 규정(운임회의, 여객 • 화물 대리점회의, 운임조정회의 등)

3.2 항공관련 국제기구 : OAG

OAG(Official Airline Guide)

✓ 세계 모든 항공사의 스케줄 정보 취합, 공지

영공주권주의

✓ 1919년 파리협약에서 채택(1910년 파리외교회의에서 논의 시작)
✓ 영공은 한 국가의 영토 및 영해의 상공을 뜻하며,
✓ 영공주권주의란 영공에 대하여 국가가 가지는 완전하고 배타적인 권리 의미

➤ Tip 항공사 스케줄 운영기간

스케줄 운영기간

■ IATA 기준에 의거 연 2회로 구분 운영 (전 항공사 공통 적용)

✓ 하계 : 매년 3월 마지막 일요일에서 10월 마지막 일요일 전 토요일까지
✓ 동계 : 매년 10월 마지막 일요일에서 익년 3월 마지막 일요일 전 토요일까지

■ 구분 운영 사유

✓ 계절변화에 따른 운항소요시간 (FLIGHT TIME) 차이 조정으로 스케줄 정시성 유지
✓ 성/비수기 구분에 의한 정기편 공급량의 조정
✓ 회수, 노선구조, 기종 변경
✓ DST (Daylight Saving Time) 적용

4. 항공사 동맹(Alliance) 이해 : Code Share(노선별 제휴)

- **항공사 제휴(Alliance) &**

- **노선별 제휴(Code Share : 코드 제휴 또는 공동 운항)**

항공사 제휴는 1979년 미국의 규제완화와 양국 간 자유화 정책에서 비롯되어, 초기에는 미국 국내시장에서 시작되었으나, 차츰 국제시장에서도 양사 간 제휴방식이 도입되어 확대되어 왔다. 항공사 간 제휴는 시장자유화에 따른 경쟁시장에서의 필수적인 전략으로 정착되고 있다. 항공사들 간의 제휴가 활발한 이유는 첫째, 제휴를 통해 네트워크워(Network)의 범위를 확대하고자 하는 것이며, 둘째로는 운항횟수를 증가시켜 시장에서의 경쟁력을 강화하고 또한, 기재 및 인력 등의 자원 공유를 통하여 운영사의 효율을 달성함으로써 경영 합리화 및 비용절감이라는 목표를 동시에 달성하고자 하는 이유에서이다. 이 밖에 타 항공사의 경쟁적 행동을 사전에 통제하거나 수정시키고자 하는 목적으로 이용되기도 한다.

항공사 제휴의 형태는 일시적인 **노선별 제휴형태**에서 **포괄적인 마케팅 제휴**, 그리고 자본참가를 포함한 보다 강력한 전략적 **지분제휴** 형태가 있다.

< Global Alliance 현황 >

2012년 6-8월 기준

구 분	Sky Team	One-World	Star-Alliance
제휴 연도	2000년 6월	1999년 2월	1997년 5월
회 원 수	18개 항공사	11개 항공사	27개 항공사
회원 항공사	대한항공, 에어프랑스, 델타, 알리탈리아, KLM, 에어로멕시코, 체코항공 노스웨스트, 콘티넨탈 , 아에로플로트	아메리칸에어, 영국항공, 캐세이퍼시픽항공, LAN, 콴타스, 이베리아항공 등	아시아나항공, 에어캐나다, 에어 뉴질랜드, ANA, 루프트한자, 타이항공, 유나이티드에어, 싱가포르항공, 스킨디나비아항공, 바릭항공 등
항공기/1일	2,641 / 14,968	2,381 / 8,627	4,386 / 21,555
연간수송객	537백만 명	324백만 명	678백만 명

노선별 제휴는, 전통적으로 항공사 간의 노선운영상의 효율성을 주로 도모하기 위해 이루어져 왔던 가장 단순한 제휴 방식으로, 특정노선에 대하여만 **공동운항(Code Share, 코드제휴)** 등의 협력형태로 제휴관계를 체결하는 것이다. 노선별 제휴는 항공사 간 공동운항(Code Share)으로, **운항 항공사(Operating Carrier)와 판매 항공사(Marketing Carrier)로 구분**할 수 있다.

실제로 항공기를 운항하지 않는 **판매 항공사(Marketing Carrier)가**, 실제 항공기를 운행하고 있는 **운항 항공사(Operating Carrier)**의 **좌석을 일정한 조건하에 임차**하여, 판매 항공사(Marketing Carrier)의 코드(Code/편명)를 사용하여 판매항공사 상품과 동일하게 공시 및 판매하는 영업형태를 말한다.

국적 항공사를 포함하여 전 세계적으로 노선별 제휴는 점차 증대되어, 제휴 항공사에 공급력을 제공해 주는 "Operating Carrier"와 운항은 하지 않으면서 제휴 항공사 운항편에 코드를 공유하여 영업활동을 하고 있는 "Marketing Carrier"의 역할분담이 계속적으로 확대되고 있는 추세다. 따라서 운항 항공사와 판매 항공사의 역할에 대한 정확한 이해가 필요하다 하겠다. 예약, 발권, 판매 및 FFP Mileage 입력은 마케팅 항공사의 제반 규정에 준하여 이루어지나, 승객이 탑승하게 될 실제 항공사, 승무원, 탑승절차, 이용공항의 Terminal, 비행기 교환탑승에 필요한 최소시간(MCT: Minimum Connecting Time) 등 제반 운항 · 운송 관련 서비스는 실제운항 항공사를 기준으로 적용되므로 탑승수속은 실제 운항항공사의 카운터(Counter)에서 이루어져야 한다. 따라서 공동운항편의 경우, 승객에게 실제 운항 항공사에 대한 철저한 안내가 이루어지지 않으면 고객의 불편을 초래할 수 있다.

< 운항 항공사와 판매 항공사 역할 >

구 분	제공 업무 내용
판매 항공사 (Marketing Carrier)	✓ 항공 좌석 예약 서비스 ✓ 항공권 발권 ✓ 항공좌석(항공권) 판매 ✓ FFP 적립 및 이용 관련 제반 서비스 제공 등
운항 항공사 (Operating Carrier)	✓ 운송/운항 관련 제반 서비스 제공. – 승객이 실제 탑승하는 항공기 – 승무원 서비스 – 탑승 절차 – 이용 공항의 Terminal – 비행기 교환탑승에 필요한 최소시간 (MCT) 등 ✓ 고객의 탑승수속 – 운항 항공사 카운터에서 시행.

공동운항(Code Share)의 운영방식은 **Blockspace 방식과 Freesale 방식**으로 구분된다. **Blockspace 방식**은 좌석상태 및 예약기록의 교환 없이 할당된 좌석(Block) 범위 내에서 판매하는 방식으로, 다시 **Hard Block과 Soft Block**으로 구분된다. Hard Block은 운항 항공사로부터 일정 규모의 할당받은 좌석을 비행편 수속(Check-in) 시까지 보장하는 좌석운영 방식을 의미하며, Soft Block이란 판매상황에 따라 일정시점에 운항 항공사에게 미사용한 좌석을 반납(Seat Release)하고 유효한 판매 좌석만 유지하는 형태의 좌석운영 방식을 말한다.

Freesale 방식은 예약기록 및 Inventory 유지방식을 기준으로, 상호 좌석상태를 실시간으로 교환하고 예약기록을 상호 유지하는 방식을 의미한다.

Ⅱ. 항공운송서비스 특성

1. GDS(General Distribution System) : CRS 기능과 역할

컴퓨터 예약시스템(CRS : Computer Reservation System)의 기능 및 발달과정

CRS

Computer Reservation System

- 항공 예약 (Airline Reservation : 항공 구간, 호텔, 렌터카..)
- 항공권 발권 (Ticketing)
- 운송 수속 (Check-In)
- 기타 (발권 정산, 고객 관리 등)

컴퓨터를 상업용으로 적용하는 데 있어 항공사는 온라인 리얼타임 시스템(On-Line Real Time System)의 선구자라 할 수 있지만 그중에서도 가장 먼저 적용된 것이 **컴퓨터 예약시스템(CRS)이다**. 컴퓨터 예약시스템은 항공사, 호텔, 렌터카 등의 스케줄(Schedules), 운임(Fares), 규정(Rules), 좌석 가능편 조회(Availability)를 포함한 다양한 여행정보 제공 및 항공사의 주요 업무인 항공예약, 항공권 발권, 탑승 수속, 기내서비스 등의 기능을 제공한다. CRS는 항공산업의 발달과 함께 주요 기능도 시대적으로 변화되었다.

- **1960년대**에는 항공사 내부 업무 자동화 단계로, 급증하는 항공 승객의 정확한 예약 유지 및 좌석의 효율적 관리를 위하여 AA가 IBM과 공동으로 예약자동화시스템 개발을 시작하여 1962년 최초의 **CRS인 'Sabre'**를 개발하였으며, 이후 미주 지역 항공사들이 독자적으로 CRS 개발 추진

- **1970년대**에는 대리점 예약 시스템 운영단계, 1976년 AA가 최초로 여행 대리점에 CRS를 설치한 이래 주요 항공사들이 각각 여행 대리점에 자사의 단말기 설치 추진

● **1980년대 전반**은 중립 CRS 운영단계로 여행사에 단말기를 설치한 항공사가 자사 위주의 편향된 스케줄을 제공하여 CRS 미보유 중소 항공사의 피해가 심각해짐에 따라, 미국 정부가 CRS의 스케줄 왜곡(Schedule Bias)을 금지하고 모든 항공사에 중립적인 서비스 제공 의무를 부과하는 법안을 제정하여, 모든 CRS는 중립적 회사에 의해 가입 항공사들의 예약/판매를 대행해 주고 일정한 수수료를 받는 사업체로 전환

● **1980년대 후반** 지역연합 CRS의 출현시기로, 미국계 대형 CRS의 해외시장 진입을 방어하기 위해 구주, 동남아지역 항공사들이 다자간 협력을 통해 지역 연합 CRS를 구축(Galileo, Amadeus, Abacus)

● **1990년대 전반** CRS 간 통합 · 제휴 추진, CRS 간 통합 및 제휴를 통하여 경쟁력 강화 추진(Galileo Int'l, Amadeus 등)

● **1990년대 후반** Internet 지원체제 구축, 항공사의 새로운 유통채널(Distribution Channel)로서의 Internet Booking Engine 제공

● **2000년대 전반** New Generation CRS 개발, 기존의 Host 운영 체제에서 탈피하여 개방형 운영체제를 갖춘 CRS 개발

< 세계 중립 CRS 현황 >

CRS명	지분사	주요 시장	기 타	
Sabre	Sabre	미주, 유럽, 아시아	Axess, Abacus와 제휴	
Galileo	Int'lCendant	미주, 유럽, 아시아	Apollo와 합병	
Amadeus	AF, LH, IB	유럽, 미주, 아시아	Systemone과 합병	
Worldspan	TTPC	북미, 유럽		
Axess	JL, Sabre	일본	Sabre와 제휴	
Abacus	CX, SQ, CI, Sabre	동남아	Sabre와 제휴	
Infini	NH, Abacus	일본	Abacus와 제휴	
TOPAS	KE, Amadeus	한국	Amadeus와 제휴	
TravelSky	CAAC	중국		

※ TOPAS : 2013년 이후 'Topas SellConnect' **Launching.**

2. Topas SellConnect 초기 화면

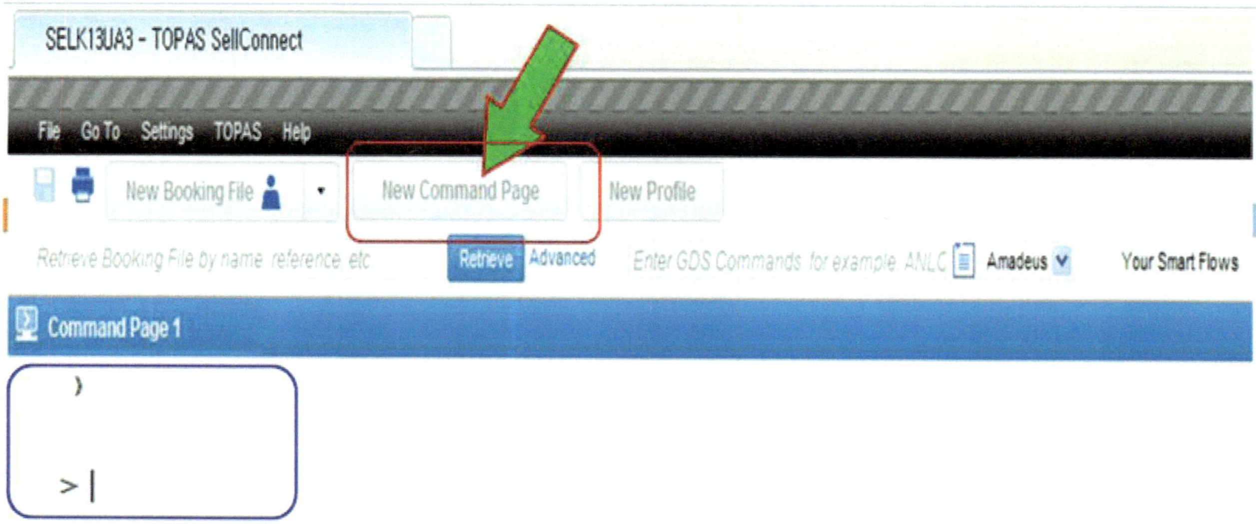

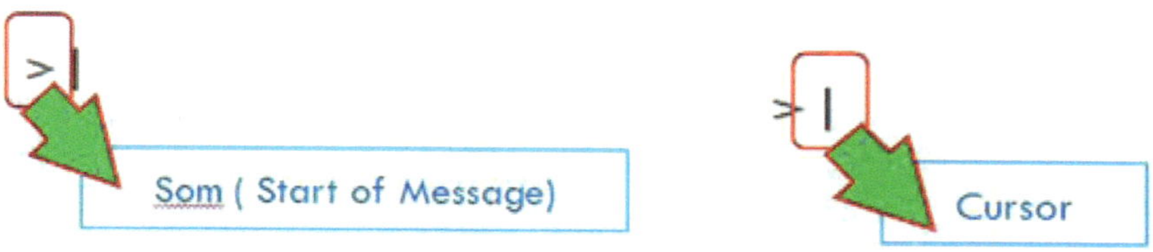

>　: **SOM(Start of Message)**

지시어(Entry)의 시작 위치를 명시해 주며, SOM 기호는 Delete나 Backspace 키로 삭제되지 않는다.

|　: **CURSOR**

. 지시어의 각 글자가 Type될 위치를 알려주며 한 자씩 입력할 때마다 뒤로 이동한다.

. Topas SellConnect의 Cursor는 겹침 기능으로 기입력된 내용에 덧붙여 입력됨을 주의한다.

3. 지시어와 함께 쓰이는 부호

항공 업무의 특성상 약속된 용어나 지시어를 많이 사용하는데, 아래 지시어들이 주로 사용되는 기능을 숙지하면 항공 예약 업무 수행이 용이하다.

부호	명 칭	주 기 능
*	Asterisk	지시어상에 항목을 구분해 주는 기능
/	Slash	다른 내용의 Item 분류 기능, Insert
-	Hyphen	From~To 또는 이름 입력 지시어

4. 화면 이동(Scrolling)

항공 스케줄, 예약 기록, 항공 운임규정 등 필요한 사항을 조회하는 지시어를 입력 후, 응답화면(Display)에 보이는 사항 외의 추가사항이 있을 때 화면을 아래, 위, 가장 위 또는 가장 아래 화면으로 이동을 지시하여 조회할 수 있는 기능.

지시어(Entry)	지시 내용
MD 또는 M	Move Down, 아래 화면으로 이동하기
MU	Move Up, 위 화면으로 이동하기
MB	Move Bottom, 제일 아래로 이동하기
MT	Move Top, 제일 위로 이동하기

5. 기타 : Key board 사용법

Alt + → : 이전에 입력한 Entry List 전체 조회 기능

Alt + ↑ : 바로 전에 입력한 Entry만 조회

6. 각종 정보 찾기

구분	Information Page : GG(GoGo)	
Entry	**GG xxxxx**	
관리	Amadeus, ACO, 항공사에서 업데이트 관리	
유용 Entry	**GG AIS**	Amadeus Information Index
	GG PCA KE	KE와 Amadeus 간의 Agreement 기능, Amadeus에서 업데이트
	GG AIR TG	항공사 TG에서 업데이트한 정보
	GG AMA SG	싱가포르에 있는 Amadeus 정보, ACO에서 업데이트
	GG CODE x	x로 시작하는 Code 조회

구분	Online Help Page : HE	
Entry	**HE xxxxx**	
관리	Amadeus에서 업데이트 관리	
유용 Entry	**HE NM**	Entry로 Help Page 조회 가능
	HE NAME	수행업무 이름으로 Help Page 조회 가능. Name 관련 업무 참조
	HE STEP	어떤 작업 수행 시 단계별 작업 방법
	HE/	Entry 잘못 입력에 대한 응답 나온 경우, 해당 Help Page Guide

제1장 참고문헌 : 서선(2009), 항공여객예약실무

CHAPTER 2

항공여객 예약기록 작성

제2장 항공여객 예약기록 작성

Ⅰ. 항공예약의 기초

1. 각종 코드 검색(DECODE / ENCODE)

- 항공관련 CRS(Computer Reservation System) 활용 업무는
  : IATA 기준에 약속된 용어·약어, 즉 Code를 사용한다.

- 빈번하게 사용되는 Code(용어)의 범주는?
  : City, Airport, Airlines, Country 등이 있다.

- 범주별 Code(용어) 확인하는 방법은?
  : Decode/Encode 방법을 활용하여 할 수 있다.

항공 업무의 시작은 세계 지리 개념에서 시작한다고 해도 과언이 아닐 것이다. 따라서 무엇보다 전 세계 각국 도시의 위치를 익히는 것이 중요하다 하겠다. 뿐만 아니라 항공에서 사용하는 용어에 대한 숙지 또한 필요하다. 항공 업무에서 통용되는 용어는 전 세계 어느 곳, 어느 항공사에서나 공통적으로 사용하는, IATA 기준에 준하여 약속된 **용어·약어**를 사용한다.

항공 · 여행사의 항공 관련 **업무의 숙련도**는, **약속된 용어에 대한 지식의 정도가 결정적 역할**을 하므로 가능한 다양한 분야에 대한 용어를 숙지하도록 노력하여야 한다. 항공 예약 · 발권업무에 가장 많이 사용되는 약어는 각국의 도시 코드, 공항 코드, 항공사 코드, 국가 코드 등인데, 각 범주별 일반적인 구성은 다음과 같은 특성이 있다.

- **도시코드(City Code) & 공항코드(Airport Code)는**
  영문 알파벳 3자리(3 Letter)로,

- **항공사 코드(Airline Code)는**
  영문 알파벳 두 자리 또는 영문자와 아라비아 숫자로 구성된 2자리(2 Letter)로 사용하고 있으며,

- **국가코드(Country or National Code)는**
  영문 알파벳 2자리(2 Letter)로 통용되고 있다.

Tip 1. 도시코드의 유형

City Code 유형

도시코드의 유형은 영어 도시명의 첫 3자리를 사용하는 유형, 도시명의 첫자와 도시명 중 선택된 2자가 결합된 유형, 캐나다 도시코드처럼 Y로 시작되는 유형과 기타 유형으로 분류할 수 있다.

1. 도시명의 첫 3자리 사용 ----------- ROM TYPE (ROME)

CHI : CHICAGO. US
PAR : PARIS. FR
HAM : HAMBURG. DE
LON : LONDON. GB
MAD : MADRID. ES
FAI : FAIRBANKS. US

2. 도시명의 첫자 + 선택 2자 --------- BKK TYPE (BANGKOK)

DTT : DETROIT. US
GVA : GENEVA. CH
OKA : OKINAWA. JP
HNL : HONOLULU. US
GUM : GUAM. US
MOW : MOSCOW. RU

3. 캐나다 도시 첫자는 Y로 시작 ------- YVR TYPE (VANCOUVER)

YVR : VANCOUVER
YYC : CALGARY
YTO : TORONTO
YOW : OTTAWA

4. 기 타

SEL : SEOUL. KR
SCL : SANTIAGO. CL
LAX : LOSANGELES. US
PDX : PORTLAND. US

Tip 2. 주요 도시코드

주요 City Code ★

• 일본

CODE	도시(CITY)
TYO ●	TOKYO
OSA ●	OSAKA
NGO ●	NAGOYA
FUK ●	FUKUOKA
KOJ	KAGOSHIMA
KIJ	NIIGATA
SPK ●	SAPPORO
OIT	OITA
OKA	OKINAWA

• 동남아시아

CODE	도시(CITY)
BKK ●	BANGKOK
HKG ●	HONGKONG
MNL ●	MANILA
TPE ●	TAIPEI
SGN ●	HOCHIMINCITY
HAN ●	HANOI
KUL ●	KUALALUMPUR
SIN ●	SINGAPORE
JKT ●	JAKARTA

• 미국

CODE	도시(CITY)
ANC	ANCHORAGE
HNL ●	HONOLULU
LAX ●	LOS ANGELES
SEA ●	SEATTLE
SFO ●	SANFRANCISCO
NYC ●	NEW YORK
WAS ●	WASHINGTON
ATL	ATLANTA
BOS ●	BOSTON
CHI ●	CHICAGO
DTT	DETROIT
DFW	DALLAS FORT WORTH
HOU	HOUSTON
MIA ●	MIAMI

• 캐나다

CODE	도시(CITY)
YVR ●	VANCOUVER
YTO ●	TORONTO
YYC ●	CALGARY
YWG	WINNIPEG
YMQ	MONTREAL

• 중남미

CODE	도시(CITY)
MEX ●	MEXICO CITY
SAO ●	SAO PAULO
LIM ●	LIMA
BUE ●	BUENOS AIRES
SCL	SANTIAGO

• 중동

CODE	도시(CITY)
DXB ●	DUBAI
CAI ●	CAIRO
JED	JEDDAH
AUH	ABU DHABI

• 남서태평양

CODE	도시(CITY)
SYD ●	SYDNEY
BNE ●	BRISBANE
AKL ●	AUCKLAND
NAN	NADI

➤ Tip 3. 중국 내 도시코드 중국 City Code

한국과 중국 간 항공 운항은 매년 운항도시, 운항횟수 등 급격하게 증가하고 있다. 세계의 도시와는 달리, 영문 표기와 한국식 발음이 상이하여 중국 내 도시코드 암기에는 주의가 요구된다. ★

CODE	도시(CITY)	CODE	도시(CITY)
BJS ●	BEIJING	KMG	KUNMING
SHA ●	SHANGHAI	TNA	JINAN
SHE ●	SHENYANG	SIA	XIAN
TSN ●	TIANJIN	SYX	SANYA
TAO ●	QINGDAO	CAN	GUANGZHOU
XMN	XIAMEN	DLC	DALIAN
WUH	WUHAN	HRB	HARBIN
YNJ	YANJI	KWL	GUILIN

Tip 4. 한국 내 도시코드

도시 Code	도시	도시 Code	도시
CJJ ●	CHEONGJU	PUS ●	BUSAN
CJU ●	JEJU	RSU	YEOSU
HIN	JINJU	SEL	SEOUL
KAG	GANGNEUNG	SHO	SOKCHO
KPO	POHANG	TAE	DAEKU
KUV	GUNSAN	USN ●	ULSAN
KWJ ●	GWANGJU	YEC	YECHEON
MPK	MOKPO	YNY	YANGYANG

Tip 5. 주요 항공사 코드

코드	항공사명	국적	코드	항공사명	국적
AA	AMERICAN AIRLINES	미국	KL	KLM	네덜란드
AC	AIR CANADA	캐나다	LA	LAN CHILE	칠레
AF	AIR FRANCE	프랑스	LH	LUFTHANSA	독일
BA	BRITISH AIRWAYS	영국	MH	MALAYSIA AL	말레이시아
CA	AIR CHINA	중국	MU	CHINA EASTN AL	중국
CO	CONTINENTAL A L	미국	NH	ALL NIPPON A W	일본
CX	CATHAY PACIFIC	홍콩	VN	VIETNAM A L	베트남
CZ	CHINA SOUTHERN A L	중국	NZ	AIR NEW ZEALAND	뉴질랜드
DL	DELTA AIRLINES	미국	OZ	ASIANA AIRLINES	한국
GA	GARUDA	인도네시아	PR	PHILIPPINE A L	필리핀
JD	JAPAN AIR SYSTEM	일본	QF	QANTAS AIRWAYS	호주
JL	JAPAN AIRLINES	일본	SQ	SINGAPORE AIRLINES	싱가포르
KE	KOREAN AIR	한국	TG	THAI INTL A W	태국

Tip 6. 동일 도시 내 복수 공항코드

- 도시코드와 함께 기억해야 할 사항은 **동일 도시 내에 공항이 2개 이상** 있을 수 있다는 것이다. 한 도시에 2개 이상의 복수 공항을 운영할 경우에는, 동일한 도시에 있지만 각 **공항마다 상이한 코드를 사용**하고 있다.

- 고객이 실제로 출국·입국 시 이용하는 공항의 명칭과 CODE는 중요한 정보이므로 정확하게 안내하는 것이 매우 중요하다.

★

도시	공항코드	공항명
SEL----------	ICN	INCHEON INTL AIRPORT OF SEL
SEOUL	GMP	GIMPO AIRPORT OF SEL
OSA----------	ITM	ITAMI AIRPORT OF OSA
OSAKA	KIX	KANSAI INTL AIRPORT OF OSA
TYO----------	NRT	NARITA AIRPORT OF TYO
TOKYO	HND	HANEDA AIRPORT OF TYO
SHA----------	SHA	HONGQIAO INTL AIRPORT OF SHA
SHANGHAI	PVG	PUDONG INTL AIRPORT OF SHA
NYC----------	JFK	JOHN F KENNEDY AIRPORT OF NYC
NEWYORK	EWR	NEWARK AIRPORT OF NYC
	LGA	LA GUARDIA AIRPORT OF NYC
WAS----------	DCA	RONALD REAGAN NTL AIRPORT OF WAS
WASHINGTON	IAD	DULLES AIRPORT OF WAS
PAR----------	CDG	CHARLES DE GAULLE AIRPORT OF PAR
PARIS	ORY	ORLY AIRPORT OF PAR
LON----------	LHR	HEATHROW AIRPORT OF LON
LONDON	LGW	GATWICK AIRPORT OF LON

➤ Tip | **7. ICAO(International Civil Aviation Organization) Phonetic Alphabet**

- **항공여객 예약번호(PNR: Passenger Name Record)**는 **알파벳과 숫자가 결합된 6글자로 구성**되어 있다.
- 고객과의 원활한 소통/전달을 위해서는 적정한 Phonetic Alphabet 사용이 중요하다. 특히 전화를 통한 안내에는 더욱 필요한 수단이라 하겠다.
- ~2024년까지는 6글자의 예약번호와 함께 고객의 Mobile 번호를 연계한 숫자 8개의 예약번호가 추가로 생성되어 수월하였으나, 2024년부로 종료되었다.

알파벳	Phonetic Alphabet	알파벳	Phonetic Alphabet	알파벳	Phonetic Alphabet
A	ALPHA	J	JULIET	S	SMILE
B	BRAVO	K	KILO	T	TANGO
C	CHARLIE	L	LIMA	U	UNIFORM
D	DELTA	M	MIKE	V	VICTORY
E	ECHO	N	NOVEMBER	W	WHISKY
F	FATHER	O	OSCAR	X	X-RAY
G	GOLF	P	PAPA	Y	YANKEE
H	HOTEL	Q	QUEBEC	Z	ZULU
I	INDIA	R	ROMEO		

- **Topas Sellconnect 로그인 방법 안내**

☑ Decode & Encode 방법

- 전 세계 항공사와 CRS는 업무의 정확성과 신속성을 위해 IATA의 주관하에
- **도시, 공항, 항공사, 주, 국가, 기종** 등을 Code로 만들어 같이 사용하고 있다.
  (City, AirPort, Airline, States, Country, Equipment)

※ Decode & Encode란?

☑ **Decode : Code의 의미를 풀어보는** 작업을 *Decode*라 하며,

☑ **Encode : 각각의 명칭을 Code로 만드는** 작업을 *Encode*라 한다.

➤ Tip 조회 Entry **Decode와 Encode**에는 ①, ②, ③ 세 가지의 방식이 있다.

구분	Decode [HE DAC]	Encode [HE DAN]	비 고
① 두(Do) 어(A) 방식 [City & Airport]			
City (& Airport)	*(Do A Code)* DAC PAR	*(Do A Name)* DAN PARIS DAN PARL* DAN PAR/C DAN PARIS/C	/C City /A Airport /S Associated Location(인근지역) /N Nearest 10 Airport
② 두(Do) 방식 [Country]			
Country	*(Do Country)* DC FR	DC FRANCE	GG PCA L COU T T로 시작하는 국가
③ 던(Don't) 노(Know) 방식 [Airline, States, Equipment 등]			
Airline	*(Don't Know)* DN A KE DN A 180	DN A JINAIR	GG PCA L AIR K K로 시작하는 항공사
State	DN S US CA	DN S CALIFORNIA	해당국가 : AR, AU, BR, CA, US
Equipment	DN E 744	DN E BOEING	
Car	DN C ZE	DN C HERTZ	
Hotel	DN H HL	DN H HILTON	

1.1. City(도시) & Airport(공항) Code Decode/Encode

① 두(Do) 어(A) 방식

- Entry(지시어)에 DA 이용
- 대상 : City & Airport Code와 지명(이름) 확인 시
- 방법 ①-1 : Code로 검색할 때, Code의 C를 더하여 ==> DAC
  ①-2 : Name(지명)으로 검색할 때 Name의 N을 더하여 ==> DAN

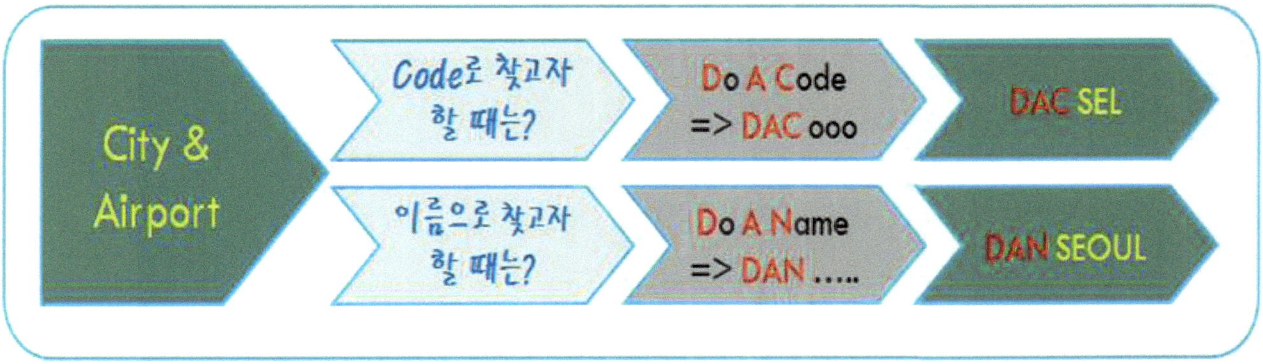

가. CITY/AIRPORT 코드 이용 DECODE 예 : DACPAR

A, 3, C, P, H 등 각 항목이 약어로 표시됨

```
DACPAR
A:APT B:BUS C:CITY P:PRT H:HELI O:OFF-PT R:RAIL S:ASSOC TOWN
CITY :
   PAR C   PARIS                          /FR:FRANCE
   LATITUDE: 48°51'12"N
   TIME DIFF: GMT +1H
   DAYLIGHT SAVING: 30MAR25 AT
                    29MAR26 AT
AIRPORT-HELIPORT :
   BVA A   BEAUVAIS TILLE
   CDG A   CHARLES DE GAULLE         /FR        - 22K
   LBG A   LE BOURGET                /FR        - 14K
   ORY A   ORLY                      /FR        - 14K
   POX A   PONTOISE CORMEILLES       /FR        - 35K
   VIY A   VILLACOUBLAY VELIZY       /FR        - 14K
   JDP H   ISSY LES MOULINEAUX HP    /FR        -  6K
   JPU H   LA DEFENSE HELIPORT       /FR        -  9K
RAIL-PORT-BUS STATION :
   XEX B   AEROGARE DES INV BUS      /FR        -  3K
   XTT B   ARC DE TRIOMPHE BUS ST    /FR        -  4K
```

PAR	:	도시코드
C	:	City
PARIS	:	PAR Full Name
/FR : FRANCE	:	/국가코드 : 국가 명

나. CITY/AIRPORT 이름이용 ENCODE 예 : DANNEW YORK

```
>  DANNEW YORK

DANNEW YORK
A:APT B:BUS C:CITY P:PRT H:HELI O:OFF-PT R:RAIL S:ASSOC TOWN
NYC C  NEW YORK                                              /USNY
LATITUDE: 40°42'51"N           LONGITUDE: 74°00'21"W
TIME DIFF: -5H                 LOCAL TIME IS 0227 ON TUE22JUL25
DAYLIGHT SAVING: 09MAR25 AT 0700 TO 02NOV25 AT 0600: -4H
                 08MAR26 AT 0700 TO 01NOV26 AT 0600: -4H
  A  JFK - JOHN F KENNEDY INTL       - 20K
  A  LGA - LAGUARDIA                 - 12K
  A  EWR - NEWARK LIBERTY INTL       - 14K                       /USNJ
  A  NYS - SKYPORTS SPB              -  3K                       /USNY
  A  SWF - STEWART INTERNATIONAL     - 86K                       /USNY
  H  JRB - DOWN MANH HPT             -  1K                       /USNY
  H  TSS - EAST 34TH HPT             -  4K                       /USNY
  H  JRA - WEST 30TH HPT             -  4K                       /USNY
  P  XNY - 39TH STREET FERRY         -  3K                       /USNY
  P  NBP - BATTERY PK CITY FERRY     -  1K                       /USNY
```

• NYC에는 공항이 5곳이나 있는걸 알 수 있네요

• *연습문제 : Code로 도시명을, 도시명으로 Code를 찾아 적으시오.*

PRG		DA NANG	
REP		MUMBAI	
SZG		HAVANA	
TLV		VENICE	
CEB		KOTA KINABALU	
DPS		CHIANG MAI	

1.2. Country(국가코드) Decode/Encode

② 두(Do) 방식

- Entry(지시어)에 D 이용
- 대상 : Country Code와 지명(이름) 확인 시
- 방법 : Country의 C를 더하여 ==> DC

※ *Code/Name 구분 없음.*

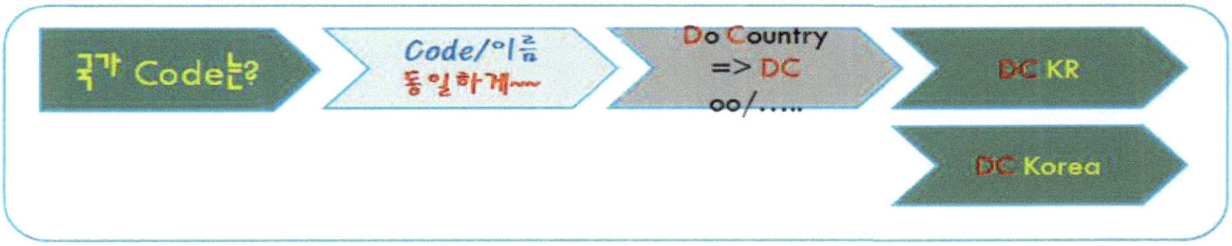

주) 국가 CODE의 DECODE/ENCODE 지시어가 동일함.

가. COUNTRY DECODE 예 : DCKR

```
> DCKR

DCKR
KR   KOREA REPUBLIC OF/ASIA REGION   TC3
     KOREA (SOUTH)

KRW  S.KOREAN WON                    LOCAL/INTL PUBLISHED

KOR  REPUBLIC OF KOREA (SOUTH) CITIZEN
*TRN*
```

나. COUNTRY ENCODE 예 : DCKOREA REPUBLIC OF

```
> DCKOREA REPUBLIC OF

DCKOREA REPUBLIC OF
KR   KOREA REPUBLIC OF/ASIA REGION   TC3
     KOREA (SOUTH)

KRW  S.KOREAN WON                    LOCAL/INTL PUBLISHED

KOR  REPUBLIC OF KOREA (SOUTH) CITIZEN
*TRN*
```

- *연습문제 : Code로 국가명을, 국가명으로 Code를 찾아 적으시오.*

IT		BR	
FRANCE		SINGAPORE	

1.3. 항공사 · 주 · 기종 등 Decode/Encode

③ 던노(Don't know) 방식

- Entry(지시어)에 DN 이용
- 대상 : Airline, States, Equipment 등
- 방법 ①-1 : 항공사는 A(Airline)의 A를 더하여 ==> DNA
  ①-2 : 주는 S(States)의 S를 더하여 ==> DNS
  ①-3 : 기종은 E(Equipment)의 E를 더하여 ==> DNE
  ※ Code/Name 구분 없음.

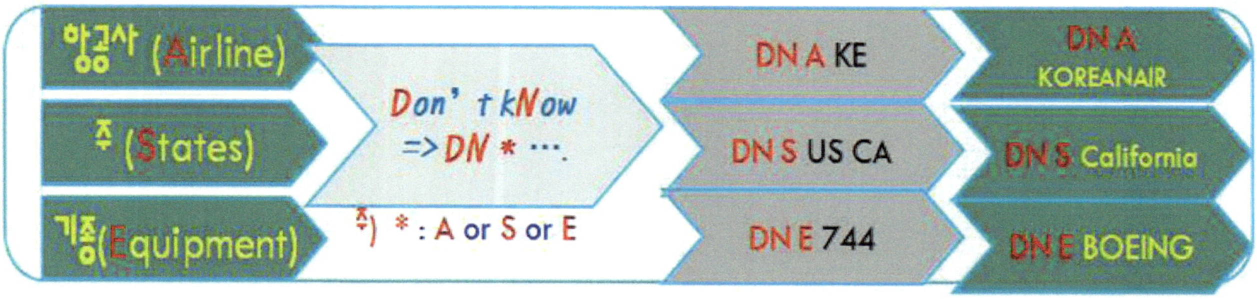

● 항공사(AIRLINE) Code

가. AIRLINE 코드이용 DECODE 예

: DNAKE

```
>   DNAKE

DNAKE
KE/KAL  180  KOREAN  AIR
*TRN*
```

나. AIRLINE 이름이용 ENCODE 예

: DNACATHAY PACIFIC

```
>   DNACATHAYPACIFIC

DNACATHAYPACIFIC
CX/CPA  160  CATHAY  PACIFIC
*TRN*
```

KE : 항공사 Code(KAL : KE의 ICAO Code)
180 : KE의 Numeric Code
KOREAN AIR : KE의 Full Name

• *연습문제 : Code로 항공사명을, 항공사명으로 Code를 찾아 적으시오.*

WN		AIRFRANCE	
U2		DELTA	

● 주(STATES) Code

※ 참조 : 주(States)를 운영하는 국가 Code [AR, AU, BR, CA, US]

가. STATES 코드이용 DECODE 예

: DNSUSCA

```
> DNSUSCA

DNSUSCA
US CA CALIFORNIA/UNITED STATES OF AMERICA
 TRN
```

※ States Code를 이용하여 Decode할 경우

국가 Code와 함께 입력하여야 한다.

나. STATES 이름이용 ENCODE 예

: DNSFLORIDA

```
> DNSFLORIDA

DNSFLORIDA
US FL FLORIDA/UNITED STATES OF AMERICA
 TRN
```

• *연습문제 : Code로 주(States)명을, 주명으로 Code(국가 CODE와 함께)를 적으시오.*

ARBA		HAWAII	
BRSP		PENNSYLVANIA	

● 기종(EQUIPMENT) Code

가. EQUIPMENT 코드이용 DECODE 예

: **DNE744**

```
> DNE744

DNE744
744 W BOEING 747-400  JET  362-569
*TRN*
```

나. EQUIPMENT 이름이용 ENCODE 예

: **DNEAIRBUS**

```
> DNEAIRBUS

DNEAIRBUS
221 N AIRBUS  A220-100        JET  116-135
223 N AIRBUS  A220-300        JET  141-160
220 N AIRBUS A220 PASSENGER   JET    0-  0
AB6 W AIRBUS A300-600         JET  207-317
```

③ Don't Know ※ 방식 ==> 그 외 렌터카, 호텔 등의 CODE 검색에도 이용한다.
==> DN※ [※ 에는 : 렌터카 C(Car), 호텔 H(Hotel) 이용]

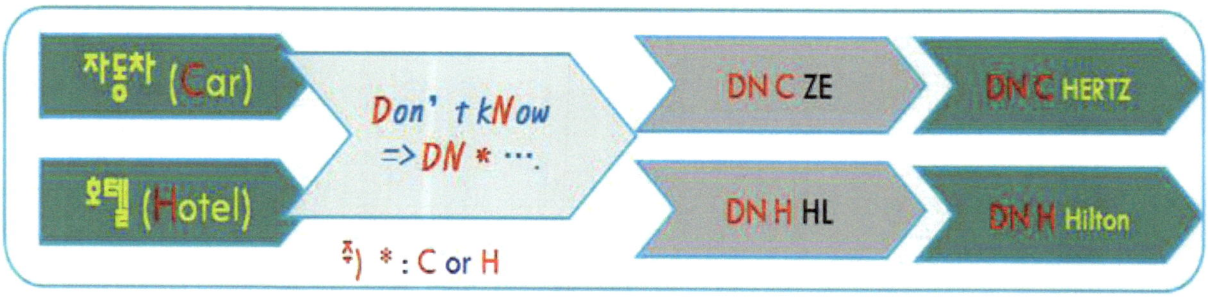

Memo Pad

2. PNR 소개 & 여정 조회 방법

- PNR(Passenger Name Record)과 동의어로 사용되는 것은?
  - 예약번호, Reservation Number, Booking Reference, Airline Data 등이 있다.

- PNR 구성요소는? Please Guess!

* 필수요소(입력이 필요한 3요소).	* 필수요소(자연 생성 1요소) & 기타

2.1. PNR의 뜻과 구성요소

- **PNR은 Passenger Name Record의 줄임말**로 예약 기록을 정해진 영역에 따라 예약 전산 시스템에 기록해 놓은 것을 나타내는 용어이다.

가. PNR의 구성요소 : P. R. I. N. T ⇨ 필수 3대 요소는 [P. I. N]이다.

[PRINT는 : Phone, Received From, Itinerary, Name, Ticket field를 의미한다.]

- PNR은 성명, 여정, 전화번호 등 여러 부분들로 이루어져 있다.

- 이러한 각 부분을 Element라고 부르는데, 각각의 Elements별로 정해진 형식에 따라 작성해야 한다.

- Topas Sell Connect에서 PNR의 기본요소는 PRINT(전화번호, 의뢰자, 여정, 이름, 발권 구입시한)로, **필수 3대 요소인 PIN(전화번호, 여정, 이름) 3가지 항목은** 반드시 입력하여야 PNR을 완성할 수 있다.

- **PNR 구성요소 & 입력 Entry**

Elements	용 도	입력 Entry
Phone	전화 번호	AP 726-6870,APM-010-121-1212
Received From	예약 작성자, 변경의뢰자	RF PAX(필수요소는 아님)
Itinerary	항공/비항공 여정	SSKE651Y15JULICNBKK1
Name	승객의 성명 및 Title	NM1HONG/GILDONG MR
Ticket Arrangement	TKT 발권 시한 등	TKTL04JUL TKXL04JUL TKOK
OS	항공사 전송 각종 INFO	OS KE VIP CEO OF 1A
SR	서비스 요청사항(Meal 등)	SRVGML

※ AP(Advice Phone), SS(Segment Sell), NM1(Name 1명), TKTL(Ticket Time Limit)

2.2. 여정(Itinerary) 조회

- **여정(Itinerary)이란?**

  - CRS(Computer Reservation System)를 이용하여 작성하는 항공여객 예약으로써
  - ① **항공여정, ② 부대여정, ③ 비항공 운송 구간**을 모두 포함한 것이 여정이다.

① **항공여정(Air Segment)** : 항공기를 이용하여 이동하는 항공 예약 구간

② **부대여정(Auxiliary Segment)** : 항공편 예약에 따르는 부수적인 서비스인 **Hotel, 렌터카, 열차**(CRS로 예약이 가능한 기차, **유럽의 고속철** 등) 및 기타 교통편의 예약으로, 항공여정 없이 부대여정만은 예약이 불가하다.

③ **비항공 운송 구간(ARNK : Arrival Unknown)** : 항공편 이외의 교통편으로 이동하는 구간, 즉 버스나 기차로 이동할 경우 예약기록에 **비항공구간(Surface)** 임을 나타내기 위해 사용된다.

● **항공 여정을 작성하려면? 다음 ①②③ 3가지 기능의 활용이 필요하다.**

① 스케줄 조회 : 원하는 일자에 **운항하는 항공편조회**가 필요하다 **SN**

[Schedule]

② 스케줄 타임테이블 조회 : 매일 운항하는 것이 아니라면, **TN**

[Time Table] **운항하는 요일**에 대한 세부적인 정보가 필요하다

③ 예약 가능편 조회(자리 있어요?) : **AN**

[Availability] 원하는 일자, 항공편의 **좌석이 가능한가**?

가. 스케줄(Schedule) 조회 :

- **기본 지시어 : SN** 날짜 출발지 목적지
- 예) 11월 11일, SEL출발 BKK행 SKD(Schedule) 조회 ⇨ **SN11NOVSELBKK**

SN11NOVSELBKK

SN : Schedule 확인 기본 키 (**N : Neutral, 중립**)

11NOV : 출발일자

SELBKK : 즐/도착지

```
> SN11NOVSELBKK                                                          ①

SN11NOVSELBKK
** AMADEUS SCHEDULES - SN ** BKK BANGKOK.TH                  111 TU 11NOV 0000②
 1   XJ 703   CA SA XA              ICN 1 DMK 1  0105    0440  T0-330      5:35
 2 ③KE 657   J9④CL DL IL RL Z2 Y1 /ICN 2 BKK⑤ 0915    1315  E0/789      6:00
              B1 M1 S1 H1 E1 K1 L1 U1 Q1 TL GI
 3TG:OZ6761   J9 C9 D9 Y9 B9 M9 H9 /ICN 1 BKK⑤ 0935    1330  E0/359      5:55
⑥            E9 Q9
 4   TG 659   C9 D9 J9 Z9 Y9 B9 M9 /ICN 1 BKK  ⑦0935    1330  E0/359⑧   ⑨5:55
              H9 Q9 T9 K9 S9 V9 W9 L9
 5TG:OZ6737   J2 C2 D2 Y4 B4 M4 H4 /ICN 1 BKK   1050    1445  E0/359      5:55
              E4 Q4
 6   TG 657   C9 D9 J9 Z9 Y9 B9 M9 /ICN 1 BKK   1050    1445  E0/359      5:55
              H9 Q9 T9 K9 S9 V9 W9 L9
```

① SN : Schedule 확인 기본 키(**N : Neutral, 중립**)

② 날짜와 기준 시간

③ 비행편명(Fling Number) - KE657편 : 항공사 코드(KE) = 숫자(657)로 구성

④ 부킹코드(Booking Class)/잔여 좌석 수

⇨ **알파벳과 알파벳 옆의 숫자는 무슨 의미지?**

⇨ **Cabin Class & Booking Class 참조** (교재 p)

⑤ Last Seat availability indicator, 출발지/도착지 공항코드와 터미널 번호

⑥ Code Share Flight 표시(TG–Operating Carrier, OZ–Marketing Carrier)

⇨ **비행편명(Flight Number: 예, TG:OZ6761)에 항공사 코드가 2개인 경우는?**

⇨ **4. 항공사 Alliance : Code Share 참조** (교재 p)

⑦ 출발시간/도착시간

⑧ E-Ticket 발권 가능 표시, 도중체류 횟수/ Access Indicator /기종코드

⑨ 비행 소요 시간

※ 주) SN지시어의 응답화면은 AN지시어의 응답화면과 거의 유사하나,

AN 화면은 실제 예약(Booking)이 가능한 좌석이 보인다.

SN 응답화면의 좌석 수는 실제 예약 가능좌석 수와 상이함.

※ ⑦ 출발시간/도착시간 조회화면 추가

```
> SN11NOVPARSEL

SN11NOVPARSEL
** AMADEUS SCHEDULES - SN ** SEL SEOUL.KR                   111 TU 11NOV 0000
 1AF:KE5902 J5 C3 D3 I1 RL ZL Y9 /CDG2E ICN 2  1405    1010+1E0/359      12:05
            B9 M9 S9 H9 E9 K2 LL UL QL TL GL
 2   AF 264 J9 C9 D9 I9 Z9 O9 W9 /CDG2E ICN 2  1405    1010+1E0/359      12:05
            S9 A9 Y9 B9 M9 U9 K9 H9 L9 Q9 T9 E9 N9 R9 V9 X9 G9
 3KE:AF5092 J8 C7 D3 IC ZC OC Y9 /CDG2E ICN 2  2100    1710+1E0/77W      12:10
            B9 M9 U9 K9 H9 LC QC T9 E9 NC RC VC XC GC
 4   KE 902 F6 AL J9 C9 D8 I3 RL /CDG2E ICN 2 ⑦2100    1710+1E0/77W      12:10
            Z1 Y9 B9 M9 S9 H9 E9 K9 L9 UL QL TL GL
```

• ⑦ 도착시간 1710+1의 의미는?

※ ⑧ E-Ticket 발권 가능 표시, 도중체류 횟수 / Access Indicator / 기종코드

```
> SN11NOVSINLAX

SN11NOVSINLAX
** AMADEUS SCHEDULES - SN ** LAX LOS ANGELES.USCA            111 TU 11NOV 0000
 1   SQ 038 Z9 C9 J9 U9 DC S9 T9 /SIN 3 LAX B  2045    1955  E0/359      15:10
            P9 L9 R6 Y9 B9 E9 M9 H9 W9 Q9 N9 GC
 2   SQ 012 F2 A2 Z9 C9 J9 U9 D9 /SIN 3 LAX B  0920    1115  E1/77W      17:55
            S9 T9 P8 L8 R8 Y9 B9 E9 M9 H9 W9 Q9 N9 GC      ⑧
 3JL:QF4021 J2 CL DL I4 Y9 B9 H9 /SIN 1 NRT 2  0815    1600  E0/763  TR
            K9 M9 L9 V9 S9 N9 Q9 O9
     JL9901 J9 C9 D9 I9 X9 U9 W9 /NRT 2 LAX B  1705    0950  E0/789      17:35
            R9 E9 P9 Y9 B9 H9 K9 M9 L9 V9 S9 N9 Q9 O9 Z9 G9 T9
```

• ⑧번 E1의 의미는?

3. Cabin Class & Booking Class 이해

3.1. Cabin Class

- Cabin Class는 운송등급 즉, 항공편에 장착되어 운영되는 등급으로
- 항공기 기종에 따라 장착된 Class가 상이하다.
- 대체로 **대형기는 3 Class, 중대형기 2 Class, 소형기 Mono Class(1 Class)**로 구성되어 있다.
- 3 Class는 First Class(일등석)
  Business Class(비즈니스석)
  Economy Class(일반석)로 분류하여 운영한다.

> Tip **Cabin Class**

▶ **Cabin Class(운송 등급)**

: 실제 항공편에 장착, 운영되는 등급으로 고객이 탑승하는 등급 의미

① **일등석(First Class)**
② **비즈니스석(Business Class)**
③ **일반석(Economy Class)**으로 분류하여 운영

✓ 항공기 기종에 따라 **Two Class(비즈니스석, 일반석)**, 또는 **Mono Class(일반석만 운영)**가 운영되기도 한다.

✓ 또한 항공사별로 또는 기종별로 상위 등급(High Class)은 세분된다. 일등석은 코쿤 또는 Sleeper Class 등 일반 일등석보다 상위의 Class를 운영하기도 하며, 비즈니스 Class는 항공사마다 별도의 명칭을 붙여 사용하기도 한다.

● **여기서 잠깐!!!** 대표적으로 여객기를 만드는 회사 2군데는 어디?

3.2. Booking Class

- Booking Class는 실제로 예약할 때 이용하는 Class로,
- 동일한 운송등급(Cabin Class) 내에서도 고객의 여정 조건에 따라 달라질 수 있다.

- 특히 일반석(Economy Class)는 다른 상위(High Class: First & Business) Class 대비 여행조건(목적)에 따라 다양한 Booking Class가 존재한다.
- Economy(Y-일반석)의 Booking Class를 구분하는 운임의 종류가 다양하기 때문이다.

- **Economy(Y-일반석) 운임 구분**
  - Normal Fare
  - Discounted Fare : 나이, 신분
  - Special & Promotional Fare

➤ Tip **Booking Class**

▶ **Booking Class(예약 등급)**

√ **동일한 운송등급 내에서도 고객의 여정 조건에 따라 예약 등급이 상이하므로**, 예약자는 고객의 여행 조건에 부합되면서도 가장 적합하고 저렴한 운임의 Booking Class로 예약을 할 수 있어야 한다.
-> 따라서 예약 등급의 특성에 대한 정확한 정보가 필요하다.

√ **예약 등급 분류 기준**
- 여행 목적(여행기간, 신분, 중간 체류 횟수, 경유지 유무 등)
- 운임 종류에 따라 지정된 Booking Class 사용
(해당 운임 조회-> 운임의 규정<Rule> 조회로 확인 가능)

√ **예약 등급(Booking Class) 결정과정**
-> 고객의 여정 조건 확인 : 탑승 Class -> 왕복/편도 -> 여행 기간 -> 중간 체류(Stop Over 회수) -> 경유(Transfer) -> 기타

3.3. Booking Class 확인 방법

- Booking Class 확인을 위해서는 고객의 여정에 적합한 항공운임을 결정하고 항공운임별 Booking Class를 확인한다.
- 기본지시어 : FQDSELBKK/AKE/D11NOV/IL,X(CRS 항공여객발권실무 실습가능)

```
11NOV25**11NOV25/KE SELBKK/NSP;EH/T                  3
LN FARE BASIS      OW     KRW   RT     B PEN  DATES/DAYS    AP MIN MAX R
54 DKR3ZRKS                   1850000 D  +  S24OCT  18DEC+ 3   -  12M R
55 DKU3ZRKS                   1850000 D  +  S24OCT  18DEC+ 3   -  12M R
56 CKRRTKE                    2100000 C  +  S24OCT  18DEC+ -   -  12M M
57 CKURTKE                    2100000 C  +  S24OCT  18DEC+ -   -  12M M
58 JRT                        2202000 J  -     -       -   + -   -  12M M
59 DKE30RKS     1110000               D  +  S24OCT  18DEC+ 3   -   -  R
60 CKOWKE       1155000               C  +  S24OCT  18DEC+ -   -   -  M
61 JOW          1211100               J  -     -       -   + -   -   -  M
62 FRT                        3003000 F  -     -       -   + -   -  12M M
63 FOW          1651700               F  -     -       -   + -   -   -  M
>                                                    PAGE  5/ 5
*TRN*
```

B: Booking Class 의미

총 5PAGE 중 5번째

※ SN 조회화면 ④J9에 해당하는 운임은 Booking Class J인 58번/61번이 해당.

```
>  FQDSELBKK/AKE/D11NOV/IL,X

FQDSELBKK/AKE/D11NOV/IL,X
ROE 1364.212007 UP TO 100.00 KRW
11NOV25**11NOV25/KE SELBKK/NSP;EH/TPM  2286/MPM  2743
LN FARE BASIS      OW     KRW   RT    B PEN  DATES/DAYS    AP MIN MAX R
01 TKE7ZFES                   290000  T  +  S24OCT  18DEC+ 7+ -    3M R
                                            B31JUL    -
02 TKE7ZFKS                   310000  T  +  S24OCT  18DEC+ 7+ -    3M R
                                            B31JUL    -
03 TKEVZFES                   320000  T  +  S24OCT  18DEC+  + -    3M R
                                            B31JUL    -
04 TKEVZFKS                   340000  T  +  S24OCT  18DEC+  + -    3M R
                                            B31JUL    -
05 QKE7ZFES                   380000  Q  +  S24OCT  18DEC+ 7+ -    3M R
                                            B31JUL    -
06 QKE70FES     195000                Q  +  S24OCT  18DEC+ 7+ -     - R
                                            B31JUL    -
07 QKE7ZFKS                   400000  Q  +  S24OCT  18DEC+ 7+ -    3M R
                                            B31JUL    -
08 QKE70FKS     205000                Q  +  S24OCT  18DEC+ 7+ -     - R
                                            B31JUL    -
>                                                      PAGE   1/ 5
*TRN*
```

B: Booking Class 의미

총 5PAGE 중 1번째

※ **11월 11일 SELBKK 왕복 가장 저렴한 운임인 KRW290000을 적용하기 위해서는 T/Class로 예약해야 됨을 알 수 있다.**

Schedule 조회 실습

1. SCR　2. DO1　3. DOKE724/11NOV

※ 出(출발지), 目(목적지)

※ 기준일자 : 11월 11일

SEL - OSA		**SEL - TYO**	
항공사별 (운항횟수) 총　회	1. KE(　) 2. OZ (　) 3. (　) 4. (　) 5. (　) 6. 기타(　)	항공사별 (운항횟수) 총　회	1. (　) 2. (　) 3. (　) 4. (　) 5. (　) 6. 기타(　)
出 이용공항		出 이용공항	
目 이용공항		目 이용공항	
운항시간 KE723/4	1. SEL→ : 2. →SEL :	운항시간 KE703/4	1. SEL→ : 2. →SEL :
SEL - BJS		**SEL - SHA**	
항공사별 (운항횟수) 총　회	1. (　) 2. (　) 3. (　) 4. (　) 5. (　) 6. 기타(　)	항공사별 (운항횟수) 총　회	1. (　) 2. (　) 3. (　) 4. (　) 5. (　) 6. 기타(　)
出 이용공항		出 이용공항	
目 이용공항		目 이용공항	
운항시간 KE853/4	1. SEL→ : 2. →SEL :	운항시간 KE893/4	1. SEL→ : 2. →SEL :
SEL - HKG		**SEL - BKK**	
항공사별 (운항횟수) 총　회	1. (　) 2. (　) 3. (　) 4. (　) 5. (　) 6. 기타(　)	항공사별 (운항횟수) 총　회	1. (　) 2. (　) 3. (　) 4. (　) 5. (　) 6. 기타(　)
出 이용공항		出 이용공항	
目 이용공항		目 이용공항	
운항시간 KE171/2	1. SEL→ : 2. →SEL :	운항시간 KE651/2	1. SEL→ : 2. →SEL :

Schedule 조회 실습

※ 出(출발지), 目(목적지) **※ 기준일자 : 11월 11일**

SEL - LAX	
항공사별 (운항횟수) 총 회	1. ( ) 2. ( ) 3. ( ) 4. ( ) 5. ( ) 6. 기타( )
出 이용공항	
目 이용공항	
운항시간 KE017/8	1. SEL→ : 2. →SEL :

SEL - NYC	
항공사별 (운항횟수) 총 회	1. ( ) 2. ( ) 3. ( ) 4. ( ) 5. ( ) 6. 기타( )
出 이용공항	
目 이용공항	
운항시간 KE081/2	1. SEL→ : 2. →SEL :

SEL - PAR	
항공사별 (운항횟수) 총 회	1. ( ) 2. ( ) 3. ( ) 4. ( ) 5. ( ) 6. 기타( )
出 이용공항	
目 이용공항	
운항시간 KE901/2	1. SEL→ : 2. →SEL :

SEL - LON	
항공사별 (운항횟수) 총 회	1. ( ) 2. ( ) 3. ( ) 4. ( ) 5. ( ) 6. 기타( )
出 이용공항	
目 이용공항	
운항시간 KE907/8	1. SEL→ : 2. →SEL :

SEL - TPE	
항공사별 (운항횟수) 총 회	1. ( ) 2. ( ) 3. ( ) 4. ( ) 5. ( ) 6. 기타( )
出 이용공항	
目 이용공항	
운항시간 KE185/6	1. SEL→ : 2. →SEL :

1. 김포공항에서 출발하는 **국제선** 목적지는?

2. 동일노선 **Out/In-Bound 시간 차이**가 나는 이유는?

3. 서울에서 **비행시간 약 2시간 이내**의 목적지는?

나. Schedule Time Table 조회 : *TN 날짜 출발지 목적지*

TN11NOVSELROM

TN	:	Timetable 확인 기본 키
11NOV	:	출발일
SELROM	:	출/도착지

```
> TN11NOVSELROM ①

TN11NOVSELROM
** AMADEUS TIMETABLE - TN ** ROM ROME.IT                      ②11NOV25 18NOV25
 1   OZ 561  X15   ICN 1 FCO 3  1320    1855   0 26OCT25 28MAR26 77L 13:35
 2   KE 931  136 ③ICN 2 FCO 3  1405    1935   0 27OCT25 28MAR26 789 13:30
 3   8X 042  26    ICN   HEL 2  1110    1420   0 CONNECT HEL       340
     AY1763  26    HEL   FCO 1  1525    1755   0 28OCT25 03JAN26 319 14:45
 4   8X 042  X26   ICN   HEL 2  1110    1420   0 CONNECT HEL       340
     AY1763  X26   HEL   FCO 1  1525    1755   0 26OCT25 22DEC25 320 14:45
```

① TN 기본 입력 지시어
② 요청일(11월 11일)로부터 7일간의 date range
③ 운항요일 : X15(월, 금요일 제외 운항),
136(월/수/토요일 운항),
D(Daily 운항)

➢ Optional Entry

Entry	기 능
SA30SEPSELBKK	도착시간(Arrival Time)별 SKD 조회
SD30SEPSELBKK	출발시간(Departure Time)별 SKD 조회
SE30SEPSELBKK	비행시간(Elapsed Time)별 SKD 조회

➢ 간편 Entry ※ **TN/AN** 지시어도 동일 기능으로 활용 가능

Entry	기 능
TCSN	SKD 화면으로 바로 전환
TCAN	TIME TABLE 조회 후 바로 예약하고자 할 경우/AN 이동
ACTN	AVBLTY 조회 후 바로 TIME TABLE 화면으로 전환
MN	MOVE NEXT(다음날 조회/AN, SN 화면에서 모두 사용 가능)
MY	MOVE YESTERDAY(전날 조회/ AN, SN 화면에서 모두 사용 가능)
TCR	역방향 Time Table 조회

※ 예) TCAN : Time table 조회 화면을 -> Change to AN 조회 지시어로

Time Table 조회 실습

기준일자 : 11NOV

SEL – JKT	
항공사별 (운항 요일) [출발시간]	. ________ ( ) [ ] . ________ ( ) [ ] . ________ ( ) [ ] . ________ ( ) [ ] . ________ ( ) [ ]

SEL - DEL	
항공사별 (운항 요일) [출발시간]	. ________ ( ) [ ] . ________ ( ) [ ] . ________ ( ) [ ] . ________ ( ) [ ] . ________ ( ) [ ]

SEL – HNL	
항공사별 (운항 요일) [출발시간]	. ________ ( ) [ ] . ________ ( ) [ ] . ________ ( ) [ ] . ________ ( ) [ ] . ________ ( ) [ ]

SEL - PAR	
항공사별 (운항 요일) [출발시간]	. ________ ( ) [ ] . ________ ( ) [ ] . ________ ( ) [ ] . ________ ( ) [ ] . ________ ( ) [ ]

라. 예약 가능편(Availability) 조회 : *AN 날짜 출발지 목적지*

[Available 한 좌석만 조회 가능]

AN 11NOVSELBKK

AN : Availability, 예약 가능편 조회 지시어

11NOV : 날짜 지정

SELBKK : 출발지/목적지

```
> AN11NOVSELBKK

AN11NOVSELBKK
** AMADEUS AVAILABILITY - AN ** BKK BANGKOK.TH               110 TU 11NOV 0000
 1   XJ 703   CA SA XA             ICN 1 DMK 1  0105   0440  T0-330     5:35
 2   KE 657   J9 CL DL IL RL Z2 Y1 /ICN 2 BKK   0915   1315  E0/789     6:00
              B1 M1 S1 H1 E1 K1 L1 U1 Q1 TL G1
 3   TG 659   C9 D9 J9 Z9 Y9 B9 M9 /ICN 1 BKK   0935   1330  E0/359     5:55
              H9 Q9 T9 K9 S9 V9 W9 L9
 4TG:OZ6761   J9 C9 D9 Y9 B9 M9 H9 /ICN 1 BKK   0935   1330  E0/359     5:55
              E9 Q9
 5TG:OZ6737   J2 C2 D2 Y4 B4 M4 H4 /ICN 1 BKK   1050   1445  E0/359     5:55
              E4 Q4
 6   TG 657   C9 D9 J9 Z9 Y9 B9 M9 /ICN 1 BKK   1050   1445  E0/359     5:55
              H9 Q9 T9 K9 S9 V9 W9 L9
```

① 예약 가능편 지시어 AN, 출발일, 출발지, 도착지
② 날짜와 기준 시간
③ 항공사 코드
④ Booking Code와 가능 좌석 수 ⇩(Booking Class 옆 **숫자** 또는 **알파벳** 의미)

- **9** : 9 또는 그 이상의 좌석 수 존재
- **1-8** : 실제 남은 좌석 수
- **L, 0** : 대기, Waiting
- **R** : Request하라는 의미, 좌석은 있을 수도 있고 없을 수도 있음. 항공사에서 Control
- **C, S** : Close

⑤ Last Seat availability indicator, 출발지/도착지 공항코드와 터미널 번호
⑥ Code Share Flight 표시(TG–Operating Carrier, OZ–Marketing Carrier)
⑦ 출발시간/도착시간
⑧ E-Ticket 발권 가능 표시, 도중체류 횟수, Access Indicator, 기종코드
⑨ 비행시간

➤ Time & Date 조회

Display Difference

DDLAX : LOCAL TIME 및 도시 간 시간차(TIME DIFFERENCE) 조회

```
> DDLAX
DDLAX
LAX TIME IS 1751/ 551P ON MON18FEB13
LAX IS 17HRS 00MIN EARLIER
>
```

DDSEL1200/SIN : 특정 시간 및 도시 지정

```
> DDSEL1200/SIN
DDSEL1200/SIN
SIN TIME IS 1100/1100A ON TUE19FEB13
SIN IS 01HRS 00MIN EARLIER
>
```

➤ MCT(Minimum Connecting Time) 조회

DMSEL : 특정 도시의 전체 **MCT** Table 조회

```
> DMSEL
DMSEL/24JUL25
SEL  STANDARD MINIMUM CONNECTING TIMES
GMP-GMP      FROM             -               TO                  D/D  D/I  I/D  I/I
CC FLTN-FLTR ORGN EQP TM CS-CC FLTN-FLTR DEST EQP TM CS HHMM HHMM HHMM HHMM
                                -                                 0040 0100 0100 0100

GMP-ICN      FROM             -               TO                  D/D  D/I  I/D  I/I
CC FLTN-FLTR ORGN EQP TM CS-CC FLTN-FLTR DEST EQP TM CS HHMM HHMM HHMM HHMM
                                -                                 0255 0255 0400 0400

GMP-SSN      FROM             -               TO                  D/D  D/I  I/D  I/I
CC FLTN-FLTR ORGN EQP TM CS-CC FLTN-FLTR DEST EQP TM CS HHMM HHMM HHMM HHMM
                                -                                 0400 0400 0400 0400

GMP-XSM      FROM             -               TO                  D/D  D/I  I/D  I/I
CC FLTN-FLTR ORGN EQP TM CS-CC FLTN-FLTR DEST EQP TM CS HHMM HHMM HHMM HHMM
                                -                                 0400 0400 0400 0400

ICN-GMP      FROM             -               TO                  D/D  D/I  I/D  I/I
CC FLTN-FLTR ORGN EQP TM CS-CC FLTN-FLTR DEST EQP TM CS HHMM HHMM HHMM HHMM
                                -                                 0240 0400 0240 0400
```

라. 예약 가능편(Availability) 조회 : *AN 날짜 출발지 목적지*

[Available 한 좌석만 조회 가능]

AN 11NOVSELBKK

AN : Availability, 예약 가능편 조회 지시어

11NOV : 날짜 지정

SELBKK : 출발지/목적지

```
> AN11NOVSELBKK

AN11NOVSELBKK
** AMADEUS AVAILABILITY - AN ** BKK BANGKOK.TH                 110 TU 11NOV 0000
 1   XJ 703   CA SA XA              ICN 1 DMK 1  0105    0440  T0-330         5:35
 2   KE 657   J9 CL DL IL RL Z2 Y1 /ICN 2 BKK    0915    1315  E0/789         6:00
              B1 M1 S1 H1 E1 K1 L1 U1 Q1 TL G1
 3   TG 659   C9 D9 J9 Z9 Y9 B9 M9 /ICN 1 BKK    0935    1330  E0/359         5:55
              H9 Q9 T9 K9 S9 V9 W9 L9
 4TG:OZ6761   J9 C9 D9 Y9 B9 M9 H9 /ICN 1 BKK    0935    1330  E0/359         5:55
              E9 Q9
 5TG:OZ6737   J2 C2 D2 Y4 B4 M4 H4 /ICN 1 BKK    1050    1445  E0/359         5:55
              E4 Q4
 6   TG 657   C9 D9 J9 Z9 Y9 B9 M9 /ICN 1 BKK    1050    1445  E0/359         5:55
              H9 Q9 T9 K9 S9 V9 W9 L9
```

① 예약 가능편 지시어 AN, 출발일, 출발지, 도착지
② 날짜와 기준 시간
③ 항공사 코드
④ Booking Code와 가능 좌석 수 ⇩(Booking Class 옆 **숫자** 또는 **알파벳** 의미)

- **9** : 9 또는 그 이상의 좌석 수 존재
- **1-8** : 실제 남은 좌석 수
- **L, 0** : 대기, Waiting
- **R** : Request하라는 의미, 좌석은 있을 수도 있고 없을 수도 있음. 항공사에서 Control
- **C, S** : Close

⑤ Last Seat availability indicator, 출발지/도착지 공항코드와 터미널 번호
⑥ Code Share Flight 표시(TG–Operating Carrier, OZ–Marketing Carrier)
⑦ 출발시간/도착시간
⑧ E-Ticket 발권 가능 표시, 도중체류 횟수, Access Indicator, 기종코드
⑨ 비행시간

Tip Availability 조회 순서

① Non Stop : 출/도착 도시에서 Stop Point가 없다.
② Direct : 출/도착 동일 FLT no 및 기종으로 운항되며 1번 이상 Stop
③ Connecting FLT : 출/도착 FLT No 및 기종 변경 운항되며, 1번 이상 Stop
④ Change of Equipment : 출/도착 FLT No는 동일하나, 기종 변경 운항되며, 1번 이상 Stop

Tip Code Share Flight 형태

① Commercial Duplication : Operating(KE)과 Marketing(AF) Carrier 모두 판매하는 형태. 'KE:AF'처럼 중간에 ':'으로 표시된다.
② Shared Airline Designation : Marketing(OS) Carrier에서만 판매하는 형태 'VO*OS'처럼 중간에 '*'로 표시된다.
③ 해당 Flight를 소유하고 있는 Operating Carrier가 일반 승객에게 좌석을 판매하지 않아 항공사 코드가 없는 형태로 Marketing(DL) Carrier에서만 판매된다. '*DL'처럼 '*' 앞의 항공사가 Blank로 되어 있다.

> Tip | Option & 간편 Entry

A(Airline 지정), D(출발일), C(Booking Cls 지정)

	Entry	기능
①	**AN30SEPLONSYD/AKE**	항공사 지정 조회, 최대 6개 항공사까지 지정 가능 (예) AN30SEPLONSYD/ABA,QF,EK
②	AN30SEPSELBKK/**A+KE**	Code share FLT를 제외한 KE 운항편만 DISPLAY
③	AN30SEPSELBKK/A-KE	특정 항공사 KE 제외 항공편 조회
④	AN15JANSELNYC/**KF**	Cabin Class 지정 조회(Cabin Class 'F' 지정)
⑤	AN15JANSELNYC/**CE**	Booking Class 지정 조회(Booking Class 'E' 지정)
⑥	AN15JANSELSFO/**XHNL** AN15JANSELSAO/XLAX/**A**KE,AA AN15JANSELSAO/AKE*15JANLAXSAO/AAA	경유지 지정(HNL 경유 조회) 구간별 경유지(LAX), 항공사(SELLAX-KE, LAXSAO-AA) 지정
⑦	AN15JANSELSFO/X-HNL	제외 경유지 지정(HNL 경유 제외 조회)
⑧	**AN15MARSELBKK*20MAR** AN15MARSELBKK**/AKE***20MAR	Dual City Pair (돌아오는 복편 - 출발일 지정 스케줄 확인)
⑨	AN15MARSELBKK*20MARBKKSIN	Dual City Pair (연결편 - 구간, 출발일 지정 스케줄 확인)
⑩	AN15MARSELBKK/AKE/CH*20MARHKGSEL/CH/AKE	Dual City Pair (연결편 - Class, 항공사 지정 스케줄 확인)
⑪	**ACR**	현재 조회된 화면의 복편, 예약가능편 바로 조회
⑫	**ACR20FEB**	2월 20일의 복편 구간 예약가능편 바로 조회
⑬	**AC20FEB**	2월 20일의 예약가능편으로 변경 조회
⑭	AC/ATG	항공사를 TG로 변경하여 조회
⑮	AC2	특정일 이후 조회(2일 이후)
⑯	AC-1	특정일 이전 조회(1일 이전)
⑰	AC1*	Dual City Pair로 조회된 화면 중 첫 페이지만 하루 뒤로 조회
⑱	AC*1	Dual City Pair로 조회된 화면 중 두 번째 페이지만 하루 뒤로 조회
⑲	AN25OCTSELTYO0900***+7**	특정일(7일) 이후 복편(=Return) 조회
⑳	AN25OCTSELTYO0900	예약가능편(AVBLTY) 기준시 지정
㉑	AN*S15JANSELBKK	SKYTEAM 항공편만 Display
㉒	AN*A15JANSELBKK	STAR ALLIANCE 항공편만 Display
㉓	AN*O15JANSELBKK	ONEWORLD 항공편만 Display

연습문제

1. 아래 화면의 조회를 위한 Entry/지시어는? ____________________

```
** AMADEUS SCHEDULES - SN ** SEL SEOUL.KR                       111 TU 11NOV 0000
 1   KE 054   J9 CL DL IL RL ZL Y9 /HNL 2 ICN 2  1215     1745+1E0/781      10:30
              B9 M9 S9 H9 E9 K9 L9 U9 Q9 T9 GL
 2HA:CI9553   J9 CC Y9 B9 M9 K9 V9 /HNL   ICN    1350     1925+1E0/332      10:35
              T9 R9 Q9 H9 N9 L9
 3   HA 459   J9 P9 C9 A9 DC Y9 W9 /HNL 1 ICN 1  1350     1925+1E0/332      10:35
              X9 Q9 V9 B9 S9 N9 M9 I9 H9 G9 K9 L9 Z9 O8 U9
 4   NH 183   F6 A5 J9 C9 D9 Z9 P9 /HNL 2 NRT 1  1130     1545+1E0/388
              G9 E9 N9 Y9 B9 M9 U9 H9 Q9 V9 W9 S9 L9 K9
  KE:JL5251   J6 C6 D3 I3 X3 Y9 BC /NRT 1 ICN 2  1710+1   1950+1E0/7M8      13:20
              HC KC MC LC VC S9 NX QX OX GX
```

2. 아래 화면에 대한 설명으로 맞는 것은? (   )

① 2번 LJ602편을 탑승하는 경우 중간 경유지가 1군데 있다.
② 1번 스케줄로 예약하는 경우 실제 탑승 항공사는 KE 항공이다.
③ 3번 스케줄을 예약하는 경우 서울에 도착하게 되는 날짜는 11월 11일 17시30분이다.
④ 2번 스케줄로 예약하게 되면 서울까지 도착하는 데 총 10시간 45분이 소요된다.

```
** AMADEUS SCHEDULES - SN ** SEL SEOUL.KR                       44 SA 11NOV 0000
1LJ:KE5054   Y3 B3 M3 S3 HC EC KC /HNL M ICN    1020    1605+1E0/772        10:45
             LX UX QX NX TX
2    LJ 602  F3 J3 CS YL WL DS ES /HNL M ICN    1020    1605+1E0/772        10:45
             HS KS LS QS BS NS MS XS PS SS VS ZS AS RS IS OS US TL GL
3    OZ 231  C9 D9 Z9 U4 Y9 B9 M9 /HNL M ICN    1110    1730+1E0/77L        11:20
             H9 E9 Q4 KL S1 VL W5 TL LL GR
4OZ:SQ5731   Z4 C4 J4 U4 Y4 B4 E4 /HNL M ICN    1110    1730+1E0/77L    TR  11:20
             ML HL WL QL NL
5   :HA6020  F7 J0 P0 C0 A0 Y7 W7  HNL M ICN    1210    1740+1E0            30
             X0 Q0 V0 B0 S0 N0 M0 I0 H0 G0 K0 L0 Z0 O0
6    KE 054  R5 A2 J9 C9 D9 I6 Z5 /HNL M ICN    1210    1740+1E0/74H        10:30
             Y9 B9 M9 S9 H9 E9 KL LL UL OL NC TC GR
```

3. SEL-ROM 구간, KE931편의 운항 요일은? ____________________
   (기준일 : 12월 12일)

4. 3월 15일 이후 KE의 서울에서 비엔나(VIE)까지 운항하는 요일은? ____________

5. 11월 11일, SQ026편 기준, Schedule Details 조회 후 답하시오.
   1) 중간 경유지는? ____________ 2) 총 비행시간은? ____________
   3) 경유지 지상대기 시간은? ________ 4) 총 소요시간은? ____________

Memo Pad

4. PNR(예약기록)의 작성 및 수정

➤ Tip PNR 구성 요소 : P. R. I. N. T

Elements	용 도	입력 Entry
Phone	전화번호	AP 726-6870,APM-010-121-1212
Received from	예약 작성자, 변경의뢰자	RF PAX
Itinerary	항공/비항공 여정	SSKE651Y15JULICNBKK1
Name	승객의 성명 및 Title	NM1HONG/GILDONG MR
Ticket Arrangement	TKT 발권 시한 등	TKTL04JUL TKXL04JUL TKOK
OS	항공사 전송 각종 INFO	OS KE VIP CEO OF 1A
SR	서비스 요청사항(Meal 등)	SRVGML

※ **AP(Advice Phone), SS(Segment Sell), NM1(Name 1명), TKTL(Ticket Time Limit)**

➤ Tip TOPAS Sellconnect PNR의 특징

① **모든 Element는 수정이 쉽도록 순서대로 번호가 부여된다.**

② **모든 Name은 입력한 순서대로 배열된다.**

③ Multi Name은 동일한 Family Name을 가진 승객이더라도 Single로 나타난다.

④ 마지막 여정의 출발일 이후 3일간 조회가 가능하다.

⑤ Purge 후 과거 3년까지 PNR 조회가 가능하다.

⑥ 한 PNR에 최대 999 Element 입력이 가능하다.

나.1 이름 작성 : Name Element [HE NM]

> Tip 이름 작성 시 주의 사항

① 타인 또는 대리인의 성명을 잠정적으로 대신 입력하는 것은 불가하다.

② **Full Name을 기재하며 여권상의 Name Spelling을 기준으로 입력**한다.

③ 외국인/내국인에 상관없이 **성(Last Name)을 먼저 기입**한다.

④ 각 SEG별 요청 **좌석 수와 승객 성명 수가 반드시 일치**해야 한다.

⑤ **유아(Infant)의 성명은 첫 번째 승객으로 입력될 수 없다.**

⑥ 1개의 PNR에는 성인 99명까지의 성명 입력이 가능하다.

⑦ 성명 뒤에는 성별 또는 신분에 맞는 **적절한 Title을 기입**한다.

⑧ **유/소아 성명 입력 시 나이도 함께 입력**한다.

> Tip Title의 종류

성별에 따른 Title		신분에 따른 Title
MR	성인 남자	PROF Professor(교수)
MS	성인 여자(기/미혼)	CAPT Captain(기장 또는 선장)
MISS	유/소아 여자	DR Doctor(반드시 의사)
MSTR	유/소아 남자	REV Reverend(성직자)

성인 및 유/소아 구분 기준(출발일 기준)

유아(Infant) **INFT** (INFT=INF)	· 만 2세 미만, 항공사별 운영기준 상이 (KE : 생후 7일 이상 ~ 만 2세 미만) & **좌석 비점유**
소아(Child) **CHLD** (CHLD=CHD)	· 만 2세 이상 ~ 만 12세 미만
성인(Adult) **ADLT**	· 만 12세 이상

1) 성인 승객

▶ 기본 지시어 ⇨ NM 1 NA/HAPPY MS

NM	성명 기본 지시어
1	승객 수
NA/HAPPY MS	성 / 이름 **타이틀**

```
> NM1NA/HAPPYMS

RP/SELK13UA3/
  1. NA/HAPPYMS
```

▶ 동일 성을 가진 승객 성명 동시 입력

⇨ NM 2 YOO/JAESEOKMR/NEUNIMMR

```
> NM2YOO/JAESEOKMR/NEUNIMMR

RP/SELK13UA3/
  1. YOO/JAESEOMR        2. YOO/NEUNIMMR
```

▶ 승객 2명 이상의 성명을 동시 입력

⇨ NM1OH/AESOONMS 1YANG/KWANSIKMR

```
> NM1OH/AESOONMS 1YANG/KWANSIKMR

RP/SELK13UA3/
 1. OH/AESOONMS     2. YANG/KWANSIKMR
```

2) CHD(소아) 승객

⇨ NM 1 NA/HYEONGAMSTR(CHD/16SEP22)

```
> NM1NA/HYEONGAMSTR(CHD/16SEP22)

RP/SELK13UA3/
 1. NA/HYEONGAMSTR(CHD/16SEP22)
```

※ 주) (CHD/16SEP22) : CHD=Child &
DOB(Date of Birth, 생년월일-일, 월, 연도 순)

- ( ) 안의 생년월일(DOB)은 변경이 가능하다.

??1. CHLD의 DOB만 2020년 9월 16일로 변경하려면?
: ( ) 안의 변경사항만 입력한다 ☞ 1/(CHD/16SEP20)

⇨ 1/(CHD/16SEP20)

```
RP/SELK13UA3/
 1. NA/HYEONGAMSTR(CHD/16SEP22)

> 1/(CHD/16SEP20)

RP/SELK13UA3/
 1. NA/HYEONGAMSTR(CHD/16SEP20)
```

3) INF(유아) 승객

⇨ **성인 보호자이름 뒤에(INF성/이름타이틀/DOB)**

- **유아 성이 보호자와 동일하지 않은 경우**
  - 동반하는 성인이름 뒤에 ( )를 이용하여 입력한다.
  - (INF**성/**이름Title/DOB)

⇨ **NM 1 LEE/EOMMAMS(INFKIM/BABYMISS/11SEP25)**

```
> NM 1 LEE/EOMMAMS(INFKIM/BABYMISS/11SEP25)

RP/SELK13UA3/
 1. LEE/EOMMAMS(INFKIM/BABYMISS/11SEP25)
```

- **유아 성이 보호자와 동일한 경우**
  - **Infant(INF)의 성을 생략한다.**
  - (INF**/**이름Title/DOB)

⇨ **NM 1 LEE/PAPAMR(INF/BEBEMSTR/09MAR25)**

```
> NM 1 LEE/PAPAMR(INF/BEBEMSTR/09MAR25)

RP/SELK13UA3/
 1. LEE/PAPAMR(INF/BEBEMSTR/09MAR25)
```

● **성인 승객 성명 입력 후 해당 성인 승객에게 유아를 추가하는 경우**

- 동반하는 성인의 Element 번호 뒤에 슬래시(/)와 함께 입력한다.
- 1/(NFKIM/BABYMSTR/11DEC24)

⇨ **1/(INFKIM/BABYMSTR/11DEC24)**

```
RP/SELK13UA3/
 1. LEE/EOMMAMRS   2. NA/SOAMSTR(CHD/15MAR20)

>1/(INFKIM/BABYMSTR/11DEC24)
RP/SELK13UA3/
 1. LEE/EOMMAMRS(INFKIM/BABYMSTR/11DEC24)   2. NA/SOAMSTR(CHD/15MAR20)
```

● **성인 승객 성명 입력 후 해당 성인 승객에게 유아를 삭제하는 경우**

- 동반하는 성인의 Element 번호 뒤에 슬래시(/)만 입력한다.
- 1/

⇨ **1/**

```
RP/SELK13UA3/
 1. LEE/EOMMAMRS(INFKIM/BABY/11DEC24)   2. NA/SOAMSTR(CHD/15MAR17)

> 1/
RP/SELK13UA3/
 1. LEE/EOMMAMRS   2. NA/SOAMSTR(CHD/15MAR17)
```

4) 승객 이름 순서 조정

⇨ PNR 최초 생성 전에 입력한 승객의 순서를 조정하거나 삽입 시에 사용한다.

- **순서 조정 ⇨ RS1,3**

  - **RS1,3 : 1번 뒤에 3번 승객으로 순서 변경 의미**

  - **PNR번호가 생성되기 전에 순서를 변경한다.**

- **삽입해서 순서 조정 ⇨ RS1, NM1KIM/SEJONGMR**

  ⇨ 여러 명 중 1번 뒤에 이름 삽입할 경우

Memo Pad

※ 다음 질문에 대한 지시어(Entry) 및 중요 내용을 적으시오.

1. Name 입력 기본 Entry [ADLT, CHLD, INFT 구분하여 적으시오.]

2. Name 입력 시 이용하는 Title & 기준 나이를 적으시오.

3. Child(CHD) Name 입력 시 함께 입력해야 하는 것은? 방법은?

4. Infant(INF) Name 입력 방법은?(동반하는 성인과 성이 다른 경우)

4.2 연락처 작성 : Phone Element

> Tip 전화번호 작성 시 주의 사항

① 전화번호는 PNR 작성 시 반드시 입력되어야 할 필수 Data사항이다.
② 하나의 PNR에는 필요에 따라 2개 이상의 전화번호가 입력될 수 있다.
③ APA-, APH-, APB-, APE-, APF- 형태로 입력한 승객 연락처는 항공사로 전송되지 않으므로 **승객 전화번호 입력은 Basic Entry(AP02-726-1111-H)를 이용하여 입력한다.** 단, **APM- 형태로 입력한 Mobile번호는 항공사로 전송된다.**
④ 고객의 Mobile Number 입력은 필수로 요구된다.

▶ **기본 지시어** ⇨

AP 02-726-8000-A : 여행사 연락처
⇨ **AP02-950-7000-A OOO TRAVEL**

> Optional Entry

Entry	기 능
AP : 예) AP02-726-1000-A	여행사 전화번호 입력
AP : 예) AP02-726-1000-H	집 전화번호 입력
APM-010-1234-4567/P1	휴대폰, 1번 승객 번호 지정 (승객이 여러 명일 경우)
APM-	모바일/휴대폰 번호 입력
APB-	사무실 번호 입력
APE-	이메일 주소 입력
APF-	FAX 번호 입력
AB	Billing 주소 입력
AM	Mailing 주소 입력

※ APB, APE, APF, APM 다음에는 반드시 "-" (하이픈) 입력할 것!

```
RP/SELK1394Z/
  1 AP 02-950-7800-A SUNNY TRAVEL
  2 APB 02-123-4567
  3 APE MAIL@MAIL.COM
  4 APF 02-765-4321
  5 APM 010-2345-6789
*TRN*
```

4.3.1 Availability를 이용한 여정 작성 : Short Sell Entry

• 기본 지시어 **AN11NOVSELBKK/AKE** 좌석가능편 조회 후

⇨ **SS1Y3**

SS : Segment Sell transaction (기본 지시어)
1 : 요청 좌석 수 (1좌석)
Y : Booking Class
3 : AN 조회 화면의 Line Number 3

```
> an11novselbkk/ake

AN11NOVSELBKK/AKE
** AMADEUS AVAILABILITY - AN ** BKK BANGKOK.TH              110 TU 11NOV 0000
1   KE 657  J9 CL DL IL RL Z2 Y1 /ICN 2 BKK    0915    1315  E0/789        6:00
            B1 M1 S1 H1 E1 K1 L1 U1 Q1 TL G1
2   KE 651  JL CL DL IL RL ZL Y2 /ICN 2 BKK    1720    2130  E0/789        6:10
            B2 M2 S2 H2 E2 K2 L2 U2 Q2 T1 G2
3   KE 653  J9 C9 D9 I9 R9 Z3 Y9 /ICN 2 BKK    1905    2320  E0/77W        6:15
            B9 M9 S9 H9 E9 K9 L9 U9 QL TL G9
4   KE 659  J9 C5 D1 IL RL Z3 Y9 /ICN 2 BKK    2035    0045+1E0/333        6:10
            B9 M9 S9 H9 E9 K9 L9 U9 Q9 T1 G9
*TRN*
```

▷ **좌석이 있을 경우 Response :**

```
RP/SELK13UA3/
  1 KE 653 Y 30SEP 1 ICNBKK DK1        1905   2320   77W   E   0
```

• 왕복예약 간편 지시어 **AN24DECSELPAR/AKE*7JAN** 조회 후

⇨ **SS1Y1*Y12** 출발 : Line NBR 1 * 복편 : Line NBR 12

```
> AN24DECSELPAR/AKE*7JAN

AN24DECSELPAR/AKE*7JAN
** AMADEUS AVAILABILITY - AN ** PAR PARIS.FR              153 WE 24DEC 0000
1    KE 901  F8 AL J9 C9 D8 I6 R3 /ICN 2 CDG2E  1205   1830  E0/77W       14:25
             Z9 Y9 B9 M9 S9 H9 E9 K9 L9 U9 Q9 T9 GL
 2AF:KE5901  J6 C4 D3 I1 RL Z1 Y9 /ICN 2 CDG2E  1215   1855  E0/359       14:40
             B9 M9 S9 H9 E9 K2 LL UL QL TL GL

** AMADEUS AVAILABILITY - AN ** SEL SEOUL.KR              167 WE 07JAN 0000
11AF:KE5902  J8 C6 D3 I1 RL Z3 Y9 /CDG2E ICN 2  1405   1010+1E0/359       12:05
             B9 M9 S9 H9 E9 K3 LL UL QL TL GL
12   KE 902  F7 A1 J9 C9 D9 I9 R2 /CDG2E ICN 2  2100   1710+1E0/77W       12:10
             Z4 Y9 B9 M9 S9 H9 E9 K9 L9 U9 Q7 TL GL
13AF:KE6399  J8 C8 D8 I8 Y9 B9 M9 /CDG2F LIS 1  0945   1120  E0/223  TR
             S9 H9 E9 K9 L9 U9 Q9 T9
     KE 922  J9 C2 D2 IL RL Z2 Y9 /LIS 1 ICN 2  2140   1940+1E0/789       25:55
             B9 M9 S9 H9 E9 K9 L9 U9 Q9 TL GL
```

▷ 좌석이 있을 경우 Response :

```
>  SS1Y1*Y12

RP/SELK1394Z/
  1  KE 901 Y 24DEC 3 ICNCDG DK1  1205 1830  24DEC  E  0 77W M
     BLOCKSPACE CODESHARE FLIGHT
     SEE RTSVC
  2  KE 902 Y 07JAN 3 CDGICN DK1  2100 1710  08JAN  E  0 77W M
     BLOCKSPACE CODESHARE FLIGHT
     SEE RTSVC
*TRN*
```

• 연결편인 경우 **AN30JANSELSIN/XBKK** 조회 후

⇨ **SS1Y1** Line NBR 1번 - 첫 번째, 두 번째 동일 CLS예약

```
> AN30JANSELSIN/XBKK

AN30JANSELSIN/XBKK
** AMADEUS AVAILABILITY - AN ** SIN SINGAPORE.SG          144 WE 30JAN 0000
1    TG 659  C9 D9 J9 ZL Y9 B9 M9 /ICN 1 BKK      0935    1330  E0/359
             H9 Q9 T9 K9 SL VL WL
     SQ 977  Z9 C9 J9 U9 D8 Y9 B9 /BKK   SIN 0  1540    1910  E0/333        10:35
             E9 M9 H9 W9 Q9 N9 V9 K9 L9
2TG:OZ6761   C2 Y4 B4 M4 H4 E4 Q4 /ICN 1 BKK      0935    1330  E0/359
     SQ 977  Z9 C9 J9 U9 D8 Y9 B9 /BKK   SIN 0  1540    1910  E0/333        10:35
             E9 M9 H9 W9 Q9 N9 V9 K9 L9
3    TG 659  C9 D9 J9 ZL Y9 B9 M9 /ICN 1 BKK      0935    1330  E0/359
             H9 Q9 T9 K9 SL VL WL
     PG 961  C9 D0 J0 Y9 M0 K0 N0 /BKK   SIN 1  1430    1920  E1/319        10:45
```

▷ **좌석이 있을 경우 Response :**

```
RP/SELK13UA3/
 1 TG 659 Y 30JAN 1 ICNBKK HK1        0935   1330   359  E  0
 2 SQ 977 Y 30JAN 1 BKKSIN HK1        1540   1910   333  E  0
```

• 연결편인 경우 **AN30JANSELSIN/XBKK**

⇨ **SS1YC1** Line NBR 1번 - 첫 번째 Y, 두 번째 C CLS예약

▷ **좌석이 있을 경우 Response :**

```
RP/SELK13UA3/
 1 TG 659 Y 30JAN 1 ICNBKK HK1        0935   1330   359  E  0
 2 SQ 977 C 30JAN 1 BKKSIN HK1        1540   1910   333  E  0
```

1) Direct Segment 방식을 이용한 여정 작성 : Long Sell Entry

- 예약하고자 하는 구간의 **예약 가능편(AVBLTY)을 조회하지 않고 Direct로**
- **항공편, Booking Class, 날짜, Segment, 좌석 수** 등을 차례로 입력하여 좌석을 요청하는 방법

⇨ 지시어 **SSKE653C20JANSELBKK1**

SS	: Segment Sell
KE653	: 항공편, **Flight Number (FLT NBR)**
C	: 클래스, **Booking Class (BKG CLS)**
20JAN	: 날짜,
SELBKK	: 출발지목적지,
1	: 요청 좌석 수

▷ 좌석이 있을 경우 Response :

```
>SSKE653C20JANSELBKK1

RP/SELK13UA3/
 1 KE 653 C 20JAN 1 ICNBKK DK1        1840  2210  744  E  0
```

2) Special Segment 작성 : ① Open ② Waiting list ③ ARNK ④ Information Segment

① 미확정 구간의 예약(OPEN SEGMENT – HE OPEN)

- 승객의 여정이 미확정된 경우 미확정 구간의 예약을 함으로써 구간의 연속성을 맞춰준다.

- Open Segment 기본 지시어 : SO

SO KE Y 24DEC SELPAR

SO : 기본 지시어
KE : 항공사 Code(항공사도 Open: YY)
Y : Booking Class
24DEC : 날짜(첫 구간 아니면 생략)
SELPAR : 출발지/목적지

- SELPAR, KE로 Open(첫 구간이므로 날짜 지정)

```
> SOKEY24DECSELPAR
RP/SELK1394Z/
  1  KEOPEN Y 24DEC 3 SELPAR
*TRN*
```

- SELTYO(KE703/11NOV 예약) + TYOSEL 구간 KE로 Open

```
> SOKEYTYOSEL
RP/SELK1394Z/
  1  KE 703 Y 11NOV 2 ICNNRT DK1  0955 1220  11NOV  E  0 789 M
     SEE RTSVC
  2  KEOPEN Y           TYOSEL
*TRN*
```

② Wating List SEGMENT(HE WAITLIST)

SS1R2 / PE OR **SSKE703R11NOVSELTYOPE1**

```
> SS1R2/PE

RP/SELK1394Z/
  1  KE 703 R 11NOV 2 ICNNRT DW1  0955 1220  11NOV  E  0 789 M
     SEE RTSVC
*TRN*
```

※ 요청한 좌석이 가능할 땐 DK, 대기자로 요청할 땐 DW로 표시됨.

③ 비항공운송구간(ARNK, HE ARNK)

SI ARNK

SI : Information segment 기본 지시어

ARNK : 비항공 운송구간

[ARNK : Arrival Unknown]

```
RP/SELK1394Z/
  1  KE 901 Y 24DEC 1 ICNCDG DK1  1400 1830  24DEC  E  0 388 LD
     BLOCKSPACE CODESHARE FLIGHT
     SEE RTSVC
  2  KE 908 Y 15JAN 2 LHRICN DK1  1850 1445  16JAN  E  0 77W BD
     SEE RTSVC
*TRN*
> SIARNK
RP/SELK1394Z/
  1  KE 901 Y 24DEC 1 ICNCDG DK1  1400 1830  24DEC  E  0 388 LD
     BLOCKSPACE CODESHARE FLIGHT
     SEE RTSVC
  2  ARNK
  3  KE 908 Y 15JAN 2 LHRICN DK1  1850 1445  16JAN  E  0 77W BD
     SEE RTSVC
*TRN*
```

※ 중간에 비항공 운송구간이 발생하더라도 반드시 ARNK를 입력할 필요는 없다.

④ INFORMATION SEGMENT(HE SEG)

SI TK1825 Y 22MAY ISTORY HK1 /0840 1115

SI Information segment 기본 지시어

```
1.BARCLAY/ADAM MR
2  SV 219 Y 20MAY 1 JEDIST HK1            0815 1345  *1A/
3  TK1825 Y 22MAY 3 ISTORY HK1         I  0840 1115   *I*
4  AF 022 Y 23MAY 4 CDGJFK HK1  0725 2C 0825 1015  *1A/E*
5 AP NCE 33492943273 - AMADEUS PRODUCT PLANNING - A
6 TK OK16APR/NCE1A0950
```

※ 주) 여정순서 조정 : 여정순서는 자동 정렬되므로 순서 조정이나 삽입 기능이 필요 없다.

Memo Pad

5. Ticket Arrangement Element [HE TK]

: (TTL) Ticket Time Limit [항공권 구입 예정 시기 입력]

- **Ticket Arrangenent Element는 PNR 작성 시 자동으로 생성된다.**
- **Ticket Arrangenent Element는 항공권 구매시한에 대한 안내이므로,**
- PNR 구성요소 중, 고객에게 안내가 필요한 **매우 중요한 요소에 해당한다.**

TKTL 19DEC / 1200

TK : Ticketing Arrangement 기본 지시어
TL : Ticketing Arrangement Indicator : TICKET LIMIT
19DEC : 발권 시한날짜

- **TKTL 19DEC / 1200** : 19DEC/1200까지 TKT 발권 권고 시한, 발권 권고 시한 지난 후 예약취소는 되지 않고, 8번 Q로 자동 전송, 발권 이후 TKOK로 변경

➢ TTL 관련 Entry

Entry	기 능
TKTL TKTL17JAN/1900	PNR 취소되지 않음, Q 전송(8번)
TKOK	PNR 취소되지 않음, **바로 발권예정 또는 항공권번호 있는 경우**
TKXL	PNR 취소됨, 발권 후 TKOK로 자동 변경 반영됨

- 교육과정 중에는 PNR 작성하면 자동으로 생성되는 TK Element가 아닌 OPC Element를 참조하여야 한다. [TKXL : 29JUL 1600시까지 발권]

```
--- RLR ---
RP/SELK1394Z/SELK1394Z            AA/SU   24JUL25/0947Z    6NU33I
  1.SEO/SUNMS
  2  KE 931 Y 24DEC 3 ICNFCO HK1  1405 1935  24DEC  E  KE/6NU33I
  3  KE 932 Y 31DEC 3 FCOICN HK1  2200 1725  01JAN  E  KE/6NU33I
  4 AP 02-950-7000-A IDK TRAVEL
  5 TK OK24JUL/SELK1394Z
  6 OPW SELK1394Z-28JUL:1600/1C7/KE REQUIRES TICKET ON OR BEFORE
        29JUL:1600 ICN TIME ZONE/TKT/S2-3
  7 OPC SELK1394Z-29JUL:1600/1C8/KE CANCELLATION DUE TO NO
        TICKET ICN TIME ZONE/TKT/S2-3
*TRN*
```

6. Received Element

[HE RF]

● 기본 지시어 : RFPAX (Received From PAX=Passenger)

'고객으로부터 요청받았다'는 내용 입력

- RF : 예약 의뢰자 입력 기본 지시어
- PAX : Passenger의 약자

또는

- RFGOGAEGNIMMR : 요청한 승객성명 (성과 이름 사이 / 는 사용 불가)

※ PNR의 변경 또는 취소를 요청할 때 요청하는 대상을 항상 입력해야 한다.

```
> RFPAX

--- RLR SFP ---
RP/SELK1394Z/SELK1394Z           AA/SU  25JUL25/0401Z   6RR2DB
RF PAX
  1.SEO/SUNNYMS
  2  KE 081 Y 11NOV 2 ICNJFK HK1  1000 1000  11NOV  E  KE/6RR2DB
  3  KE 082 Y 22NOV 6 JFKICN DK1  1200 1745  23NOV  E  0 74H M
     SEE RTSVC
  4 APM 010-2345-6789
  5 TK OK25JUL/SELK1394Z
```

- NYCSEL 구간 일자 변경 요청 => 요청자 승객 본인(PAX)일 경우 입력 상태

```
> ER

--- RLR SFP ---
RP/SELK1394Z/SELK1394Z           AA/SU  25JUL25/0406Z   6RR2DB
  1.SEO/SUNNYMS
  2  KE 081 Y 11NOV 2 ICNJFK HK1  1000 1000  11NOV  E  KE/6RR2DB
  3  KE 082 Y 22NOV 6 JFKICN HK1  1200 1745  23NOV  E  KE/6RR2DB
  4 APM 010-2345-6789
  5 TK OK25JUL/SELK1394Z
```

- 저장(ER) 후 => RF 입력 사항은 보이지 않습니다. 어떻게 확인할 수 있을까요?

답 :

7. PNR 완성(End of Transaction)

● 화면 저장 및 정리 기능

주요 기능	Entry	세부 기능
PNR 저장	ET	End Transaction : PNR 완성
	ER	End and Retrieve : PNR 완성 후 동시 조회
Ignore	IG	Ignore(작업 취소 및 무시)
	IR	Ignore and Retrieve : 현재 내용 무시 후 재조회
PNR Retrieve	RT	PNR Retrieve
Element 취소	XE3	3번 Element 취소

● 여정 및 Element(Data) 취소 기능 [HE XE]

Entry	세부 기능
XI	여정(Itinerary) 전체를 취소하고자 할 때
XE	취소에 이용되는 기본 지시어
XE1, 3	1번, 3번 Element 취소(Element 번호로 취소)
XE3-8	3번에서 8번까지 취소(일련번호 연결 취소)

주) X : Cancel 의미, I : Itinerary, E : Element

➤ Tip **PNR 저장 및 확인 Entry** **화면 저장 및 정리 추가 기능**

Entry	기능
ET	End of Transaction : PNR 완성
ER	End and Retrieve : PNR 완성 후 **동시 조회**
RT	PNR 정리 및 Display(조회)
RTPP	가장 마지막에 File(저장)된 PNR 조회

● 완성된 PNR Reading

--- RLR --- - RLR - : RECORD LOCATOR RETURN

①RP/SELK1394Z/SELK1394Z ② AA/SU ③ 25JUL25/0502Z ④ 6RYHWT

1.NA/EOMMAMS(**INF**NA/AGAMISS/11JUL25)

2.OH/BEBEMSTR(**CHD**/16SEP21)

3 KE 901 Y 11NOV 2 ICNCDG HK2 1205 1830 11NOV E KE/6RYHWT

4 KE 902 Y 21NOV 5 CDGICN HK2 2100 1710 22NOV E KE/6RYHWT

⑤5 AP 02-950-0000-A IDK TRAVEL

⑥6 APM 0102345-6789/P1

⑦7 TK TL25JUL/SELK1394Z

⑧8 SSR INFT KE HK1 NA/AGAMISS 11JUL25/**S3/P1**

9 SSR INFT KE HK1 NA/AGAMISS 11JUL25/**S4/P1**

⑨10 SSR CHLD KE HK1 16SEP21/P2

①	SELK13UA3	Office ID(Responsible Office)
②	AA/SU	Agent Sign / Duty Code
③	25JUL25/0502Z	PNR 작성 또는 최종 업데이트 날짜와 시각
④	6RYHWT	Recode Locator(PNR/예약번호)
⑤	여행사 전화번호	
⑥	1번 승객 핸드폰	
⑦	발권 시한	
⑧	보호자 1번승객 연결하여 유아 생년월일 전송	
⑨	2번 소아승객 생년월일 전송	

8. Rebooking PNR(여정 예약 변경) [HE Rebook or HE SB]

8.1 Booking Class 변경(재예약)

SB C 2 ☞

SB	Should Be: 변경 기본 지시어
C	변경하고자 하는 새로운 Booking Class
2	변경하고자 하는 여정의 **Element 번호**

```
--- RLR ---
RP/SELK13UA3/SELK13UA3       AA/GS     20SEP25/1601Z        6P5AVG

 1. LEE/GOGAEGMR
 2 KE 651 Y 30SEP  1 ICNBKK HK1        1440    1810    773   E  0
 3 KE 652 Y 15OCT  2 BKKICN HK1        2350    0530*1  773   E  0
 4 AP A 950-7824 INDUK
 5 TK OK19DEC/SELK13UA3
```

```
> SBC2
--- RLR ---
RP/SELK13UA3/SELK13UA3       AA/GS     20SEP25/1601Z        6P5AVG

 1. LEE/GOGAEGMR
 2 KE 651 C 30SEP  1 ICNBKK HK1        1440    1810    773   E  0
 3 KE 652 Y 15OCT  2 BKKICN HK1        2350    0530*1  773   E  0
 4 AP A 950-7824 INDUK
 5 TK OK19DEC/SELK13UA3
```

8.2 Date 변경(재예약)

SB 26OCT 3 ☞

SB	Should Be: 변경 기본 지시어
26OCT	변경하고자 하는 새로운 날짜
3	변경하고자 하는 여정의 **Element 번호**

```
--- RLR ---
RP/SELK13UA3/SELK13UA3      AA/GS     20SEP25/1601Z       6P5AVG

 1. LEE/GOGAEGMR
 2  KE 651 Y 30SEP  1 ICNBKK HK1        1440   1810    773  E  0
 3  KE 652 Y 15OCT  2 BKKICN HK1        2350   0530*1 773  E  0
 4  AP A 950-7824 INDUK
 5  TK OK19DEC/SELK13UA3
```

```
> SB26OCT3
--- RLR ---
RP/SELK13UA3/SELK13UA3      AA/GS     20SEP25/1601Z       6P5AVG

 1. LEE/GOGAEGMR
 2  KE 651 C 30SEP  1 ICNBKK HK1        1440   1810    773  E  0
 3  KE 652 Y 26OCT  2 BKKICN HK1        2350   0530*1 773  E  0
 4  AP A 950-7824 INDUK
 5  TK OK19DEC/SELK13UA3
```

8.3 항공편(FLT NBR) 변경(재예약)

SBKE654 *3 ☞

SB	Should Be: 변경 기본 지시어
KE654	변경하고자 하는 항공편
***3**	*(Asterisk, 구분기능) & 변경하고자 하는 여정의 Element 번호

```
--- RLR ---
RP/SELK13UA3/SELK13UA3      AA/GS     20SEP13/1601Z       6P5AVG
9994-2680
 1. LEE/GOGAEGMR
 2 KE 651 Y 30SEP  1 ICNBKK HK1        1440   1810    773  E  0
 3 KE 652 Y 15OCT 2 BKKICN HK1         2350   0530*1 773  E  0

> SBKE654*3
--- RLR ---
RP/SELK13UA3/SELK13UA3      AA/GS     20SEP13/1601Z       6P5AVG
9994-2680
 1. LEE/GOGAEGMR
 2 KE 651 C 30SEP  1 ICNBKK HK1        1440   1810    773  E  0
 3 KE 654 Y 15OCT 2 BKKICN HK1         2350   0530*1 773  E  0
```

> Tip Modifying PNR 지시어 모음

구분	Entry	기능	비고
좌석 수 변경	2/3 (SEG 번호/좌석 수)	2번 구간을 3좌석으로 변경 (감소 & 증가 모두 가능)	저장 이전에만 가능 & 아래 ※
Class 변경	SB C4	4번 구간 C로 변경	PNR 저장 이후 변경 가능
	SB C	전 구간 C로 변경	
날짜 변경	SB 11JAN 3	3번 구간 11JAN로 변경	
Class & 날짜	SB C 11JAN 3	3번 구간 C, 11JAN로 변경	
편명 변경	SB KE654*3	3번구간 KE654로 변경	

※ PNR 저장 이전에 일부 승객명을 삭제하면 좌석은 자동으로 줄어든다.

9. Fact Element(Optional Element)

- **Fact Element에는 어떤 내용이?**
  - 여행에 필요한 승객의 제반 **요구사항** 또는 승객에 대한 정보를 입력한다.

▪ **승객의 요구사항** : **SSR(Special Service Requirement)**
- 승객의 Special Meal(Vegetarian Meal, 종교음식, 병력에 따른 음식 등) 신청
- Wheel Chair 서비스 신청
- Baby Meal(Infant Meal), 아기 바구니(Bassinet) 신청 등

▪ **승객에 대한 정보** : **OSI(Other Service Information)**
- VIP(한국 정부의 고위 관리, 대기업 회장단, 국가대표 스포츠 선수 등)
- Child, Infant 나이 정보 등

- **Fact Element의 용도는?**

▪ 항공사의 운송서비스와 직결된다.
- Fact Element의 정보에 의해 운송 항공사는 서비스 제공 준비를 한다.

▪ 정해진 **용어(Keyword, 4 Letter)**를 사용한다.
- Keyword : IATA에서는 승객이 항공사에 요청하는 사항을 분류하고, 이를 정해진 Code로 만들어 입력형태를 표준화해 놓고 있다.
- Keyword는 주로 4글자로 구성되어 있으며, 정확한 용어 및 형식을 사용한다.

9.1 SSR : Special Service Request [HE SR]

기본 지시어 : SR○○○○ [=SRKeyword]

- **전체 승객, 전체 여정에 대한 요청 [기본 지시어외 승객/여정 지정이 없는 경우]**

SRVGML : **SR** Service Request 기본 지시어
VGML Vegetarian Meal(야채식) Code

```
> SRVGML

--- RLR ---
RP/SELK1394Z/SELK1394Z            AA/SU  25JUL25/0718Z   6SJ6W9
  1.NA/GOGAEGMR   2.NA/SONNIMMR
  3  KE 653 Y 11NOV 2 ICNBKK HK2  1905 2320  11NOV  E  KE/6SJ6W9
  4 AP 02-950-0000-A IDK TRAVEL
  5 TK OK25JUL/SELK1394Z
  6 SSR VGML KE HK2/S3/P1-2
```

- **1번 승객, 전체 여정에 대한 요청 사항(승객 지정)**

SRVGML/P1

SR Service Request 기본 지시어
VGML Vegetarian Meal(야채식) Code
/P1 Slash, Meal 신청 승객 번호

```
SRVGML/P1
--- RLR ---
RP/SELK1394Z/SELK1394Z            AA/SU  25JUL25/0727Z   6SJ6W9
  1.NA/GOGAEGMR   2.NA/SONNIMMR
  3  KE 653 Y 11NOV 2 ICNBKK HK2  1905 2320  11NOV  E  KE/6SJ6W9
  4  KE 654 Y 21NOV 5 BKKICN HK2  0100 0830  21NOV  E  KE/6SJ6W9
  5 AP 02-950-0000-A IDK TRAVEL
  6 TK OK25JUL/SELK1394Z
  7 SSR VGML KE HK1/S3/P1
  8 SSR VGML KE HK1/S4/P1
```

- **2번 승객, 3번 여정에 대한 요청 사항(승객 & SEG 지정)**

SRSFML/P2/S3

SR	Service Request 기본 지시어
SFML	Sea Food Meal(해산물) Code
/P2	Slash, Meal 신청 승객 번호
/S3-4	Slash, Meal 신청 여정 번호

```
SRSFML/P2/S3
--- RLR ---
RP/SELK1394Z/SELK1394Z          AA/SU   25JUL25/0734Z    6SJ6W9
  1.NA/GOGAEGMR    2.NA/SONNIMMR
  3  KE 653 Y 11NOV 2 ICNBKK HK2   1905 2320   11NOV  E  KE/6SJ6W9
  4  KE 654 Y 21NOV 5 BKKICN HK2   0100 0830   21NOV  E  KE/6SJ6W9
  5 AP 02-950-0000-A IDK TRAVEL
  6 TK OK25JUL/SELK1394Z
  7 SSR SFML KE HK1/S3/P2
```

- **최근 항공사는 고객의 연락처(Mobile 번호와 E-mail)를 SR 이용하여 입력하도록 요구하고 있다.**

CTC	CONTACT	
CTCM	Moblie 번호입력 SRCTCM-8210xxxxxxxx	SSR
CTCE	E-mail 입력 SRCTCE-email123//hanmail.net	SSR

```
SRCTCM-821012345678/P1
SRCTCE-email123//hanmail.net
--- RLR ---
RP/SELK1394Z/SELK1394Z          AA/SU   25JUL25/0734Z    6SJ6W9
  1.NA/GOGAEGMR    2.NA/SONNIMMR
  3  KE 653 Y 11NOV 2 ICNBKK HK2   1905 2320   11NOV  E  KE/6SJ6W9
  4  KE 654 Y 21NOV 5 BKKICN HK2   0100 0830   21NOV  E  KE/6SJ6W9
  5 AP 02-950-0000-A IDK TRAVEL
  6 APM 020-1234-5678/P1
  7 TK OK25JUL/SELK1394Z
  8 SSR CTCM KE HK1 821012345678/P1
  9 SSR CTCE KE HK2 EMAIL123//HANMAIL.NET
```

9.2 OSI : Other Service Information [HE OS]

OS KE FIGURE SKATING PLAYER/P1-2

OS Other Service Information 기본 지시어
KE : 항공사 Code(Mandatory Code)
FIGURE SKATING PLAYER : 승객에 대한 정보
/P1-2 : Slash, 해당 승객 번호(승객 지정)

```
  OS KE FIGURE SAKING PLAYER/P1-2
--- SFP ---
RP/SELK1394Z/
  1. KIM/YEONAMS    2. CHA/JUNHWANMR
  3  KE 081 Y 11NOV 2 ICNJFK DK2  1000 1000  11NOV  E  0 74H M
     SEE RTSVC
  4 AP 02-950-0000-A IDK TRAVEL
  5 OSI KE FIGURE SAKING PLAYER/P1-2
```

9.3 Remarks : 일반사항 - 비고, 기타 사항 [HE RM]

- **Remarks Element의 용도**

  - **항공사 직원 상호 간** 또는 **여행사/항공사 직원 간**에 업무 연락을 위한 **Message 전달** 시 사용한다. [Free Format이며, 쪽지 편지 역할을 한다]
  - **예약 재확인**이나 **승객에게 필요한 Information 전달 시** 기재한다.
  - 기타 해당 PNR에 관련된 제반 내용을 수록하여 PNR을 처리하는 직원들이 참조할 수 있도록 한다.

- **입력 지시어 : 1번 승객, 3번 여정에 해당하는 내용 입력**

RM PAX NEEDS A VISA/S3/P1

RM	General Remarks 기본 지시어
PAX NEEDS A VISA	Free Text 입력
/S3	Slash, 연결 여정 번호
/P1	Slash, 연결 승객 번호

```
 RM PAX NEEDS A VISA/S3/P1
--- RLR ---
RP/SELK13UA3/SELK13UA3      AA/GS     20SEP13/1601Z        6P5AVG
9994-2680
 1. LEE/GOGAEGMR      2. OH/SONNIMMS
 3 KE 651 Y 30SEP  1 ICNBKK HK2          1440    1810    773   E   0
 4 KE 652 Y 15OCT  2 BKKICN HK2          2350    0530*1  773   E   0
 5 AP  A 950-7824 INDUK
 6 TK  OK19DEC/SELK13UA3
 7 RM PAX NEEDS A VISA/S3/P1
```

- **Remarks 관련 지시어 모음**

종류	구분	내용	기본 Entry
General Remarks	RM	누구나 볼 수 있는 Remarks	RM xxx(Free Text)
Corporate Remarks	RX	EOS가 설정된 곳에서만 확인 가능	RX xxx(Free Text)
Confidential Remarks	RC	PNR 생성한 곳에서만 확인 가능	RC xxx(Free Text)

주) EOS : Extended Ownership Security

> Tip Data 작성 지시어

구분	Element	Entry	기능	Help Page
SSR	Special Request	SR	항공사에 별도서비스 요청	HE SR
OSI	Other Service Information	OS	항공사에 필요한 INFO	HE OS
ES	Individual PNR Security	ES	PNR 공유 기능	HE ES
RM	Remarks	RM RX RC	비고, 기타	HE RM
FQTV	Frequent Flyer Information	FFA FFN	마일리지 회원 번호	HE FF
OP	Queue Option	OP		HE OP
SM	Seat Assign	SM ST	기내 좌석 배정	HE SM(seat map) HE ST(advice seat)

➢ Keyword Table

Keyword	Meaning	SSR/OSI	Free Text
ADTK	ADVISE IF TICKETED		Mandatory
AUTK	ADVISE IF TICKETED		Optional
AVIH	ANIMAL IN HOLD (p PETC: Animal in Cabin)	SSR	Mandatory
AVML	ASIAN/HINDU/INDIAN VEG MEAL	SSR	Not Permit
BBML	INFANT/BABY FOOD	SSR	Not Permit
BIKE	BICYCLE	SSR	Optional
BLML	BLAND MEAL	SSR	Not Permit
BLND	BLIND PSGR	SSR	Not Permit
BSCT	**BASSINET/CARRYCOT/BABY BASKET [INFT]**	SSR	Not Permit
BULK	BULKY BAGGAGE	SSR	Mandatory
		SSR	Mandatory
CBBG	CABIN BAGGAGE	SSR	Optional
CHD	CHILD	SSR	Not Permit
CHIX	CHICKEN MEAL (KE ONLY)		Optional
CHML	CHILD MEAL		Mandatory
CIP	COMMERCIAL IMPORTANT PSGR	SSR	
	(KE ONLY)	SSR	Mandatory
CKIN	PROVIDE INFO FOR APO STF	SSR	Mandatory
CLID	CLIENT IDENTIFICATION	SSR	Optional
COUR	COMMERCIAL COURIER		Optional
CRUZ	CRUISE PASSENGER	SSR	Mandatory
CTC	CONTACT	SSR	Not Permit
CTCM	Moblie 번호입력 SRCTCM-8210xxxxxxxx		Optional
CTCE	E-mail 입력 SRCTCE-email123//hanmail.net		Optional
DBML	DIABETIC MEAL		Optional
DEAF	DEAF PSGR		Optional
DEPA	DEPORTEE-ACCOMPANIED BY AN ESCORT		Mandatory
DEPU	DEPORTEE-UNACCOMPANIED		Mandatory
DIPL	DIPLOMATIC COURIER		Mandatory
			Mandatory

Keyword	Meaning	SSR/OSI	Free Text
EXST	EXTRA SEAT	SSR	Mandatory
EXC	EXTRA CREW	SSR	Not Permit
FAX	FACSIMILE (KE ONLY)		
FIM	FIM ISSUED PSGR (KE ONLY)		
FMLY	FAMILY CARE SERVICE (KE ONLY)		Mandatory
FPML	FRUIT PLATTER MEAL		Mandatory
FQTV	FRQNT TRVLLR MILEAGE PROGRAM		Mandatory
FRAG	FRAGILE BAGGAGE		Not Permit
FRAV	FIRST AVAILABLE		Mandatory
			Mandatory
GFML	GLUTEN FREE MEAL		Mandatory
GPST	GROUP SEAT RQST		Mandatory
GRPF	GROUP FARE DATA [GRP 예약 필수]		Not Permit
GRPS	PSGR TRAVELLING TOGETHER		Not Permit
GTR	GOVERNMENT TRVL RQST(KE ONLY)		Optional
			Not Permit
HFML	HIGH FIBER MEAL		
HNML	HINDU (NON VEGETARIAN) MEAL		
INFT	INFANT		Mandatory
KSML	KOSHER MEAL		Not Permit
			Not Permit
LANG	SPECIFY LANGUAGE SPOKEN		Not Permit
LCML	LOW CALORIE MEAL		Not Permit
LFML	LOW CHOLESTEROL/LOW FAT MEAL		
LPML	LOW PROTEIN MEAL		
LSML	LOW SODIUM/NO SALT ADDED MEAL		Optional
			Not Permit
MEDA	MEDICAL CASE		Mandatory
MOML	MOSLEM MEAL		Not Permit
NAME	NAME CHANGE		Not Permit
NBML	NO BEEF MEAL (KE ONLY)		Not Permit
NLML	NON-LACTOSE MEAL		Mandatory
NOCM	**NO CHILD MEAL**		

Keyword	Meaning	SSR/OSI	Free Text
NSSA	NO SMOKING AISLE SEAT		Not Permit
NSSB	NO SMOKING BULKHEAD SEAT		Not Permit
NSST	NO SMOKING SEAT		Optional
NSSW	NO SMOKING WINDOW SEAT		Not Permit
ORML	ORIENTAL MEAL		Not Permit
OTHS	REQUIRES ACTION		Mandatory
PCTC	PSGR PROVIDED CONTACT FOR		Mandatory
PETC	ANIMAL IN CABIN		Mandatory
PRML	LOW PURIN MEAL		Not Permit
PSPT	PASSPORT INFORMATION **[APIS 입력]**		Mandatory
RQST	SEAT REQUEST		Mandatory
RLOC	RECORD LOCATOR		Mandatory
RVML	RAW VEGETARIAN MEAL		Not Permit
SEAT	PRERESERVED SEAT RQST		Mandatory
SEMN	SHIP/S CREW		Mandatory
SFML	**SEA FOOD MEAL**		Not Permit
SKYT	SKYTEAM INFORMATION		Optional
SLPR	BERTH/BED IN CABIN		Not Permit
SMSA	SMOKING AISLE SEAT		Not Permit
SMSB	SMOKING BULKHEAD SEAT		Not Permit
SMST	SMOKING SEAT		Optional
SMSW	SMOKING WINDOW SEAT		Not Permit
SPEQ	SPORTS EQUIPMENT		Mandatory
SPMB	BIRTHDAY CAKE (KE ONLY)		Not Permit
SPMH	HONEYMOON CAKE (KE ONLY)		Not Permit
SPML	SPECIAL MEAL		Mandatory
SPON	SPECIAL PSGR (KE ONLY)		Mandatory
STCR	STRETCHER PSGR		Not Permit
			Optional

Keyword	Meaning	SSR/OSI	Free Text
TCP	THE COMPLETE PARTY IS		
TKNA	TKT NBR FOR AUTO GENERATED TKT-SYS GENERATES ONLY		
TKNM	MANUAL ENTERED TKT NBR-SYSTEM GENERATES ONLY		
TKAU	TICKET ACCEPT AUTH (KE ONLY)		Mandatory
TKTL	TICKETING TIME LIMIT		Mandatory
TWOV	TRANSIT/TRANSFER WITHOUT VISA		Optional
UMNR	UNACCOMPANIED MINOR (UM)		Mandatory
UPGD	UPGRADE (KE ONLY)		Mandatory
VGML	VEGETARIAN MEAL		Not Permit
VLML	LACTO-OVO VEGETARIAN MEAL		Not Permit
WCHC	WHEEL CHAIR-CABIN SEAT		Optional
WCHR	WHEEL CHAIR-RAMP		Optional
WCHS	WHEEL CHAIR-STEPS		Optional
WCMP	WHEEL CHAIR MANUAL POWER		Optional
WCOB	ON-BOARD WHEELCHAIR		Optional
XBAG	EXCESS BAGGAGE		Mandatory

10. FQTV(Frequent Flyer Information)

- 각 항공사 마일리지 카드 회원번호 입력 기능, 해당 번호를 입력해 놓으면 마일리지 자동 누적됨.

- SR 지시어 이용한 마일리지카드 입력 방법
  - SR FQTV KE-KEBK1234567 [승객명, 여정 입력 후 입력할 때 이용]

> FQTV 관련 Entry

Entry	기능
FFAKE-BK1234567	항공사에서 FQTV 정보를 제공하는 경우 마일리지 회원번호를 입력하는 지시어로 FQTV와 승객명이 자동 입력된다. **[FF : 기본 지시어, A =All, KE-1234567 : KE항공사 FQTV 번호]**
FFNKE-BK1234567 FFNKE-BK1234567/P1	항공사에서 FQTV 정보를 제공하지 않는 경우 마일리지 회원번호를 입력하는 지시어로 승객명 입력 이후 FFN을 입력한다. **[FF: 기본 지시어, N =Number, KE-1234567 : KE항공사 FQTV 번호]**
FFNKE-1234567,KE,AF	탑승 항공사와 회원가입 항공사가 다른 경우 입력 지시어 (KE : 가입항공사, AF : 탑승 항공사)
FFDKE-1234567	마일리지 카드 조회
VFFDKE	특정 항공사 KE와 마일리지 제휴 항공사 리스트 조회

> Tip FQTV 지시어 구성 내용 & 응답 화면 : FFAKE-BK123456789012

```
RP/SELK13UA3/
  1. KIM/TESTMR
  2 *SSR FQTV YY HK/KEBK123456789012
```

11. 사전 좌석 배정(Seat Assign)

- 항공좌석 예약 시 기내 좌석번호를 미리 지정해 주는 것을 사전 좌석 배정이라 하며, Seat Map을 제공하는 항공사에 한허 사전 좌석 배정이 가능하다.

- 항공사별 Seat Assign 기능 제공 여부 확인 지시어 ⇨ GGPCA**KE**
  GGPCA : 기본 지시어
  KE : 항공사 Code

GGPCAYY	⇨ 제공할 경우	INTERACTIVE SEAT MAP : YES
	⇨ 제공하지 않을 경우	INTERACTIVE SEAT MAP :

➤ Tip PNR 에서 Seat Assign 지시어

Entry	기능
SM3	SM : Seat Map 조회 지시어, 3 : Segment(여정) 번호
SM3/V	Seat Map 세로로 조회 지시어
ST/29A/P1	ST : Seat Assign 지시어, 1번 승객 좌석번호 29A 지정
ST/32AB	1번, 2번 승객의 좌석을 연결하여 한번에 지정
ST/A/S3-4/P1	좌석번호 지정하지 않고, 복도(Aisle) 좌석 요청
SX/S3	Seg 3번에 좌석 배정된 항목 삭제
ST/NSSA	좌석배정 정보 제공하지 않는 항공사의 좌석 요청 => 금연, 복도석 요청
	예) NSST NON-Smoking Seat & SMST Smoking Seat => Fact Element Keyword Table 참조

- 사전 좌석 배정 :

① **Seat Map 조회 : SM1 또는 SM1/V**

- SM1 : 1번 Segment의 Seat Map 조회 Entry
- SM1 : 가로 형태의 좌석 배치도를 보여준다.
- SM1/V : V=Vertical의 약자로 세로 형태의 좌석 배치도를 보여준다.
  항공기의 모습과 유사점이 높아 좌석번호 식별이 용이하다.

```
--- SFP ---
RP/SELK1394Z/
  1  KE 081 Y 11NOV 2 ICNJFK DK1  1000 1000  11NOV  E  0 74H M
     SEE RTSVC
  2 RM NOTIFY PASSENGER PRIOR TO TICKET PURCHASE & CHECK-IN:
       FEDERAL LAWS FORBID THE CARRIAGE OF HAZARDOUS MATERIALS -
       GGAMAUSHAZ/S1
*TRN*
```

```
> SM1

SM KE 0081/Y/11NOVICNJFK
SM KE  0081  Y 11NOV ICNJFK          74H
   Y
   0 0            0  0            00        0
   2 3            3  4            45        6
   8901234567     8 9012345678    90123456789012345
   <  B     >     <B  >             B
K     .VVV.//   K X ....../..   K  X.///.....
J     .VVV..+   J E .........   J E..///...../...
H     .VVV...   H E ......../   H E..XXX.........

G     /VV/X/.   G / +......     G   /..............
F     /VV/X/.   F / .......     F   /..............
E     /VVVX+.   E / .......     E   /..............
D     /VVVX+.   D / .......     D   /..............
```

```
> SM1/V

SM KE 0081/Y/11NOVICNJFK/V
SM KE  0081  Y 11NOV ICNJFK        74H
           A  B  C     D  E  F  G     H  J  K
Y 28 <     .  .  .                               > 28 Y
  29 <     V  V  V                               > 29
  30 <     V  V  V                               > 30
  31 <B    V  V  V     /  /  /  /     .  .  .  B> 31
  32 <     V  V  V     V  V  V  V     V  V  V    > 32
  33 <     V  V  V     V  V  V  V     V  V  V    > 33
  34 <     V  V  V     V  V  /  /     V  V  V    > 34
  35 <     X  X  X     X  X  X  X     .  .  .    > 35
  36 <     /  .  .     +  +  /  /     .  .  /    > 36
  37 <     /  .  .     .  .  .  .     .  +  /    > 37
           A  B  C     D  E  F  G     H  J  K
```

② **Seat Number(좌석번호) 지정**

- ST/29C : 좌석번호 29C를 지정한다.
- ST/29A/P1 : 여행 승객이 2인 이상일 경우 Passenger 번호를 지정한다.

```
> ST/29C

--- SFP ---
RP/SELK1394Z/
  1  KE 081 Y 11NOV 2 ICNJFK DK1  1000 1000  11NOV  E  0 74H M
     SEE RTSVC
  2 #SSR RQST KE HK1 ICNJFK/29CN,P1/S1    SEE RTSTR
  3 RM NOTIFY PASSENGER PRIOR TO TICKET PURCHASE & CHECK-IN:
       FEDERAL LAWS FORBID THE CARRIAGE OF HAZARDOUS MATERIALS -
       GGAMAUSHAZ/S1
*TRN*
```

Memo Pad

Ⅱ. 예약기록(PNR)의 완료 및 조회

1. PNR 작성의 완료

- PNR 작성을 마치고 나면 Main Computer에 Filing(저장)을 하여야 한다.

- Filing(저장)이 되기 전까지는 작업자의 화면 작업장에만 작업을 하던 PNR이 나타나지만 Filing(저장)을 마치면 동일한 Office에서 CRS를 사용하는 직원은 누구나 해당 PNR을 Display(조회)해 볼 수 있다.

- PNR의 Filing(저장)을 **"End of Transaction"이라** 하며 Filing이 성공적으로 이루어지면 해당 PNR의 Filing(저장) 위치를 나타내는 **PNR Address**가 주어진다.

- PNR Address=Reservation Number=예약번호=Booking Reference=Airline Data

➤ Tip **PNR 저장 및 확인 Entry**

Entry	기능
ET	End of Transaction : PNR 완성
ER	End and Retrieve : PNR 완성 후 **동시 조회**
RT	PNR 정리 및 Display(조회)
RTPP	가장 마지막에 File된 PNR 조회

1.1 END OF TRANSACTION : ET

- PNR의 Filing(저장)을 **"End of Transaction"**이라 하며,
  - 지시어(Entry) : ET를 한다. (단, 2번 하여야 PNR이 생성된다.)

- ET 응답 화면

```
--- SFP ---
RP/SELK1394Z/
  1.YOO/MIJIMS   2.YOO/MIRAEMS
  3  KE 081 Y 11NOV 2 ICNJFK DK2  1000 1000  11NOV  E  0 74H M
     SEE RTSVC
  4  KE 082 Y 21NOV 5 JFKICN DK2  1200 1745  22NOV  E  0 74H M
     SEE RTSVC
  5 AP 02-950-7000-A IDK TRAVEL
  6 RM NOTIFY PASSENGER PRIOR TO TICKET PURCHASE & CHECK-IN:
       FEDERAL LAWS FORBID THE CARRIAGE OF HAZARDOUS MATERIALS -
       GGAMAUSHAZ/S3-4
*TRN*
> ET      1

WARNING: SECURE FLT PASSENGER DATA REQUIRED FOR TICKETING PAX 1-2
WARNING: MISSING SSR CTCM MOBILE OR SSR CTCE EMAIL OR SSR CTCR NON-CONSENT
          FOR KE
*TRN*
> ET      2

END OF TRANSACTION COMPLETE - 6X7Y55
*TRN*
```

1.2 END OF TRANSACTION과 Retrieve 동시 작업

- EOT(End of Transaction) 후에 PNR은 Main Computer에 보관되고 이는 다시 해당 PNR Address를 이용하여 Display할 수 있다.

- 대부분의 경우 예약직원은 PNR을 완성하면서 다시 Display하여 재확인하므로 다음과 같은 지시형식을 사용한다.

ER : EOT 후 Retrieve(ET와 마찬가지로 2번 시행한다.)

```
RP/SELK1394Z/
  1.LEE/BONGJOOMR
  2  KE 901 Y 11NOV 2 ICNCDG DK1  1205 1830  11NOV  E  0 77W M
     BLOCKSPACE CODESHARE FLIGHT
     SEE RTSVC
  3 AP 02-950-0000-A IDK TRAVEL
*TRN*
>  ER      1
WARNING: MISSING SSR CTCM MOBILE OR SSR CTCE EMAIL OR SSR CTCR NON-CONSENT
          FOR KE
*TRN*
>  ER      2
--- RLR ---
RP/SELK1394Z/SELK1394Z            AA/SU  26JUL25/0603Z   6X99QF
  1.LEE/BONGJOOMR
  2  KE 901 Y 11NOV 2 ICNCDG HK1  1205 1830  11NOV  E  KE/6X99QF
  3 AP 02-950-0000-A IDK TRAVEL
  4 TK OK26JUL/SELK1394Z
*TRN*
```

주) 상기 Display는 EOT를 하고 다시 PNR을 Display한 결과와 같은 것으로 Name Field 위에 Booking Office, Date & PNR Address가 나타나 있다.

2. PNR Retrieve(조회) & Search

➤ Tip **PNR Retrieve 지시어**

Retrieve 적용 방법	Entry
PNR 번호 이용	**RT6X99QF**
승객성명 이용	**RT/ KIM/GOGAEG** ⇨ RT3 : 조회된 List 중 해당고객 Line번호 지정
승객성명 일부 이용	**RT/KIM or RT/KIM/G** ⇨ RT3
출발일과 승객성명 이용	**RT/15NOV-KIM** ⇨ RT3
비행편과 승객이름 이용	**RTKE651-KIM/GOGAEG** ⇨ RT3
비행편+날짜+승객성명 이용	**RTKE651/24DEC-KIM** ⇨ RT3
List 재조회	RT0(숫자 0)
PNR의 SVC Information	RTSVC
FLT에 의한 검색	LP/KE901/24DEC, (LP : List Passenger) 해당 Office에서 작성된 PNR 검색 및 조회
해당 항공사 PNR번호 조회	RL(PNR Display된 상태에서)

- PNR Address 이용 조회 응답 화면
  - **RT6X7Y55**

```
> RT6X7Y55

--- RLR SFP ---
RP/SELK1394Z/SELK1394Z              AA/SU  26JUL25/0548Z   6X7Y55
  1.YOO/MIJIMS    2.YOO/MIRAEMS
  3  KE 081 Y 11NOV 2 ICNJFK HK2  1000 1000  11NOV  E  KE/6X7Y55
  4  KE 082 Y 21NOV 5 JFKICN HK2  1200 1745  22NOV  E  KE/6X7Y55
  5 AP 02-950-7000-A IDK TRAVEL
  6 TK OK26JUL/SELK1394Z
```

- 승객 성명 이용 조회 응답 화면
  - **RT/OH/AESOONMS**
  - RT3 : 조회된 List 중 해당고객 Line번호 지정

```
> RT/OH/AESOONMS

RT/OH/AESOONMS
  1 OH/AESOON MS           KE  171  Y  05NOV  ICNHKG   1 6AGIJT
  2 OH/AESOON MS           KE  171  Y  05NOV  ICNHKG   1 54W8JY
  3 OH/AESOONMS            KE  901  Y  11NOV  ICNCDG   2 6XN2UI
*TRN*

> RT3

--- RLR ---
RP/SELK1394Z/SELK1394Z              AA/SU  26JUL25/0755Z   6XN2UI
  1.OH/AESOONMS    2.YANG/KWANSIKMR
  3  KE 901 Y 11NOV 2 ICNCDG HK2  1205 1830  11NOV  E  KE/6XN2UI
  4  KE 902 Y 21NOV 5 CDGICN HK2  2100 1710  22NOV  E  KE/6XN2UI
  5 AP 02-950-0000-A IDK TRAVEL
  6 TK OK26JUL/SELK1394Z
```

3. PNR History 조회 및 판독 [HE RH]

● PNR History 개요

- 최초 PNR 작성 시의 작업내용, 작성 후 이루어진 모든 변경내역, 이미 탑승을 완료한 여정을 보관 기록하고 있는 부분.
  (완료한 여정은 PNR History 하단에 위치함)
- 1회의 Transaction 단위로 작업한 내용이 번호(Step Number : 000, 002)로 구분되어 기록된다.

3.1 PNR History 조회 지시어

Entry	기 능
RH	기본 지시어, Queue History를 제외한 전체 History
RHQ	Queue History
RH/ALL	**RH + RHQ**
RH099	Step Number 099만 조회
RHI	Itinerary Segment
RHJ	Phone Element
RHN	Name Element
RHS*	* : Segment Number(Active Segment 조회 가능)

3.2 PNR History Codes (HE PNR ⇨ GP COD ⇨ MS22에서 확인 가능)

Code	포함 내용
ON (Original Name)	최초 입력 이름
OS (Original Segment)	최초 입력 SEG
OR (Original SSR)	최초 입력 SSR 사항
RF (Received From)	예약 및 수정 요청자
SA (Added SSR)	추가된 SSR 사항
XS (Cancelled Segment)	취소된 SEG
AS (Added Segment)	추가된 SEG
SP (Split Party)	PNR이 Split됨

3.3 PNR History 내역 & Reading

- **Origin PNR**

• Y-Class
• 여행사 연락처 only

```
--- RLR ---
RP/SELK1394Z/                               AA/SU   26JUL25/0755Z   6XN2UI
  1.OH/AESOONMS    2.YANG/KWANSIKMR
  3  KE 901 Y 11NOV 2 ICNCDG HK2  1205 1830  11NOV  E  KE/6XN2UI
  4  KE 902 Y 21NOV 5 CDGICN HK2  2100 1710  22NOV  E  KE/6XN2UI
  5 AP 02-950-0000-A IDK TRAVEL
  6 TK OK26JUL/SELK1394Z
  7 OPW SELK1394Z-30JUL:1600/1C7/KE REQUIRES TICKET ON OR BEFORE
        31JUL:1600 ICN TIME ZONE/TKT/S3-4
  8 OPC SELK1394Z-31JUL:1600/1C8/KE CANCELLATION DUE TO NO
        TICKET ICN TIME ZONE/TKT/S3-4/P1-2
```

- **변경된 PNR**
  - **변경 요청 고객 이름 입력 : RF**

```
>  RFOHAESOONMS

--- RLR ---
RP/SELK1394Z/SELK1394Z                      AA/SU   26JUL25/1019Z   6XN2UI
RF OHAESOONMS
  1.OH/AESOONMS    2.YANG/KWANSIKMR
  3  KE 901 J 11NOV 2 ICNCDG HK2  1205 1830  11NOV  E  KE/6XN2UI
  4  KE 902 J 21NOV 5 CDGICN HK2  2100 1710  22NOV  E  KE/6XN2UI
  5 AP 02-950-0000-A IDK TRAVEL
  6 APM 010-2345-6789
```

● 변경된 PNR

- RF 입력 후 저장된 변경 PNR(저장 후 RF Element는 보이지 않음)

```
--- RLR ---                • Y-Class -> J CLS
RP/SELK1394Z/              • 여행사 연락처 & Mobile 번호     AA/SU  26JUL25/1019Z   6XN2UI
  1.OH/AESOONMS   2.YANG/KWANSIKMR
  3  KE 901 J 11NOV 2 ICNCDG HK2  1205 1830  11NOV  E  KE/6XN2UI
  4  KE 902 J 21NOV 5 CDGICN HK2  2100 1710  22NOV  E  KE/6XN2UI
  5 AP 02-950-0000-A IDK TRAVEL
  6 APM 010-2345-6789
  7 TK OK26JUL/SELK1394Z
  8 OPW SELK1394Z-07AUG:1600/1C7/KE REQUIRES TICKET ON OR BEFORE
        09AUG:1600 ICN TIME ZONE/TKT/S3-4
  9 OPC SELK1394Z-09AUG:1600/1C8/KE CANCELLATION DUE TO NO
        TICKET ICN TIME ZONE/TKT/S3-4/P1-2
*TRN*
```

● PNR History 내역 & Reading

```
> RH    RH-1p

RP/SELK1394Z/SELK1394Z             AA/SU  26JUL25/1019Z   6XN2UI
    000 ON/OH/AESOONMS YANG/KWANSIKMR
    000 OS/KE 901 Y 11NOV 2 ICNCDG LK2 1205 1830/NN *1A/E*
    000 OS/KE 902 Y 21NOV 5 CDGICN LK2 2100 1710+1/NN *1A/E*
    000 OP/AP 02-950-0000-A IDK TRAVEL
    000 RO/RSVN/KE/9521-6861
    000 OT/TKOK 26JUL/SELK1394Z
    000 RF- -CONTACT WARNING BYPASSED FOR KE-TOPAS-K1/080041 CR-
        SELK1394Z 00039911 SU 1341AA/DS 26JUL0755Z
    001 AO/OPW-30JUL:1600/1C7/KE REQUIRES TICKET ON OR BEFORE
        31JUL:1600 ICN TIME ZONE/KE 901 Y 11NOV ICNCDG/KE 902 Y
        21NOV CDGICN
    001 AO/OPC-31JUL:1600/1C8/KE CANCELLATION DUE TO NO TICKET
        ICN TIME ZONE/KE 901 Y 11NOV ICNCDG/KE 902 Y 21NOV
        CDGICN/OH/AESOONMS YANG/KWANSIKMR
    001 RF-1APUB/ATL CR-NCE1A0238 00000000      /DS 26JUL0755Z
    002 RF-QUE ELT ADDITION CR-MUC1A0SYS SU 9001QU/DS-FF7687F4 2
        6JUL0755Z
000/003 XS/KE 901 Y 11NOV 2 ICNCDG HK2 1205 1830/NN *1A/E*
000/003 XS/KE 902 Y 21NOV 5 CDGICN HK2 2100 1710+1/NN *1A/E*
    003 AS/KE 901 J 11NOV 2 ICNCDG LK2 1205 1830/NN *1A/E*
    003 AS/KE 902 J 21NOV 5 CDGICN LK2 2100 1710+1/NN *1A/E*
*TRN*
```

```
RP/SELK1394Z/SELK1394Z  RH-2p        AA/SU   26JUL25/1019Z   6XN2UI
001/003 XO/OPW-30JUL:1600/1C7/KE REQUIRES TICKET ON OR BEFORE
        31JUL:1600 ICN TIME ZONE/KE 901 Y 11NOV ICNCDG/KE 902 Y
        21NOV CDGICN
001/003 XO/OPC-31JUL:1600/1C8/KE CANCELLATION DUE TO NO TICKET
        ICN TIME ZONE/KE 901 Y 11NOV ICNCDG/KE 902 Y 21NOV
        CDGICN/OH/AESOONMS YANG/KWANSIKMR
    003 RF- -CONTACT WARNING BYPASSED FOR KE-TOPAS-K1/080041 CR-
        SELK1394Z 00039911 SU 1341AA/DS 26JUL1018Z
    004 AO/OPW-07AUG:1600/1C7/KE REQUIRES TICKET ON OR BEFORE
        09AUG:1600 ICN TIME ZONE/KE 901 J 11NOV ICNCDG/KE 902 J
        21NOV CDGICN
    004 AO/OPC-09AUG:1600/1C8/KE CANCELLATION DUE TO NO TICKET
        ICN TIME ZONE/KE 901 J 11NOV ICNCDG/KE 902 J 21NOV
        CDGICN/OH/AESOONMS YANG/KWANSIKMR
    004 RF-1APUB/ATL CR-NCE1A0238 00000000      /DS 26JUL1018Z
    005 RF-QUE ELT ADDITION CR-MUC1A0SYS SU 9001QU/DS-FF208F90 2
        6JUL1018Z
    006 AP/APM 010-2345-6789
    006 RF- -CONTACT WARNING BYPASSED FOR KE-TOPAS-K1/080041 CR-
        SELK1394Z 00039911 SU 1341AA/DS 26JUL1019Z
    007 RF-OHAESOONMS-CONTACT WARNING BYPASSED FOR KE-TOPAS-K1/0
```

000 : 최초 PNR 생성 시 작업내용
(이름, 여정, OSI/SSR Element, Option Element, RCVD From, Phome Number만 **Step Number 000**에 기록됨)

000/003 : **XS** 취소된 여정
AS 추가된(변경된) 여정

001 : PNR 완성 후 최초 변경 작업내용

000/003 : 변경내용이 수정이나 삭제일 경우 최초 기록 생성 시의 입력된 순서 000/ 수정, 삭제 시 순서 003

001/006 : Mobile번호 입력(추가)

※ 주) 변경 내역별로 History Code(예, XS, AS 등)를 정하여 구분하기 쉽게 기록되어 있다.

III. 기타 추가 항공예약 기능

1. PNR Split [HE SP]

- PNR Split은 완성된 하나의 PNR 구성원 중 **일부 구성원**의 **예약내용이 변경, 추가되는** 경우에 사용하는 기능으로
- 한 개의 PNR을 두 개 이상으로 나누는 작업. [Split = Divide로 볼 수 있다]
- **※ 완성되지 않은 PNR은 Split할 수 없다.**

➤ Split 지시어

Code	포함 내용
SP2,4-5	2, 4-5번 승객 분리 [SP : Split 기본 지시어 + 승객번호]
SP0.3,1-2	Group PNR에서 Unassigned Name(0번 Element 중 3명)과 Name Element 1-2번 승객 분리
RTAXR	Cross Reference된 PNR 보기
AXR	Cross Reference
기타 용어	**Parent PNR** : Origin PNR **Associated PNR** : Split된 PNR

1.1 Spliting 순서

- **Spliting 순서(1, 2단계 전체 : ①-⑦)**

① 대상 PNR Disply	:	**RT6X7Y55**	
② 승객 분리	:	**SP1**	(Associated PNR=New PNR)
		[※ 변경이 필요한 유미지 Element 번호 지정]	
③ 분리된 New PNR 저장	:	**EF**	(Parent=Original PNR 조회됨)
④ Original/Parent PNR 저장	:	**ET**	
⑤ 변경하고자 하는 New(Associated) PNR 조회	:	**RT6YLAYE**	
⑥ 돌아오는 NYCSEL 3번 여정을 11월 28일로 변경	:	SB28NOV3	
⑦ 변경된 New PNR 저장	:	**ET**	

- **1단계(①-④) : 1개의 PNR을 2개로 나눈다**
  - 유미지, 유미래 자매는 11/11-11/21 일정으로 NYC 왕복 예약을 했다.
  - 자매 중 유미지는 NYC에서 1주일간 더 머물기로 결정했다.
  - 즉, 갈 때는 두 명이 함께하나, 돌아올 때는 각자 따로 와야 한다.
  - 이럴 경우 Origin PNR을 2개로 Split(Divide)하여야 한다.

① 대상 PNR Disply	:	**RT6X7Y55**	
② 승객 분리	:	**SP1**	(Associated PNR=New PNR)
		[※ 변경이 필요한 유미지 Element 번호 지정]	
③ 분리된 New PNR 저장	:	**EF**	(Parent=Original PNR 조회됨)
④ Original/Parent PNR 저장	:	**ET**	

1.2 PNR Split 예(1단계 ①-④)

- ① 대상 PNR Disply : RT예약번호

```
> RT6X7Y55      ① 대상 PNR Disply                : RT6X7Y55
--- RLR SFP ---
RP/SELK1394Z/SELK1394Z           AA/SU  26JUL25/0548Z   6X7Y55
  1.YOO/MIJIMS    2.YOO/MIRAEMS
  3  KE 081 Y 11NOV 2 ICNJFK HK2  1000 1000  11NOV  E  KE/6X7Y55
  4  KE 082 Y 21NOV 5 JFKICN HK2  1200 1745  22NOV  E  KE/6X7Y55
  5 AP 02-950-7000-A IDK TRAVEL
  6 TK OK26JUL/SELK1394Z
  7 OPW SELK1394Z-30JUL:1600/1C7/KE REQUIRES TICKET ON OR BEFORE
        31JUL:1600 ICN TIME ZONE/TKT/S3-4
  8 OPC SELK1394Z-31JUL:1600/1C8/KE CANCELLATION DUE TO NO
        TICKET ICN TIME ZONE/TKT/S3-4/P1-2
  9 RM NOTIFY PASSENGER PRIOR TO TICKET PURCHASE & CHECK-IN:
       FEDERAL LAWS FORBID THE CARRIAGE OF HAZARDOUS MATERIALS -
       GGAMAUSHAZ/S3-4
*TRN*
```

- ② 승객 분리 : SP1(승객 번호)

```
        ② 승객 분리             : SP1       (Associated PNR=New PNR)
> SP1                      [ ※ 변경이 필요한 유미지 Element 번호 지정]
--- RLR SFP ---
-ASSOCIATE PNR-
RP/SELK1394Z/SELK1394Z           AA/SU  26JUL25/0548Z   XXXXXX
  1.YOO/MIJIMS
  2  KE 081 Y 11NOV 2 ICNJFK HK1  1000 1000  11NOV  E  KE/6X7Y55
  3  KE 082 Y 21NOV 5 JFKICN HK1  1200 1745  22NOV  E  KE/6X7Y55
  4 AP 02-950-7000-A IDK TRAVEL
  5 TK OK26JUL/SELK1394Z
  6 OPW SELK1394Z-30JUL:1600/1C7/KE REQUIRES TICKET ON OR BEFORE
        31JUL:1600 ICN TIME ZONE/TKT/S2-3
  7 OPC SELK1394Z-31JUL:1600/1C8/KE CANCELLATION DUE TO NO
        TICKET ICN TIME ZONE/TKT/S2-3
  8 RM NOTIFY PASSENGER PRIOR TO TICKET PURCHASE & CHECK-IN:
       FEDERAL LAWS FORBID THE CARRIAGE OF HAZARDOUS MATERIALS -
       GGAMAUSHAZ/S2-3
  * SP 26JUL/AASU/SELK1394Z-6X7Y55
*TRN*
```

- ③ 분리된 New PNR 저장 : EF 2번

```
> EF
WARNING: SECURE FLT PASSENGER DATA REQUIRED FOR TICKETING PAX 1
WARNING: MISSING SSR CTCM MOBILE OR SSR CTCE EMAIL OR SSR CTCR NON-CONSENT
          FOR KE
*TRN*
> EF

--- RLR SFP ---
-PARENT PNR-
RP/SELK1394Z/SELK1394Z            AA/SU  26JUL25/0548Z   6X7Y55
  1.YOO/MIRAEMS
  2  KE 081 Y 11NOV 2 ICNJFK HK1  1000 1000  11NOV  E  KE/6X7Y55
  3  KE 082 Y 21NOV 5 JFKICN HK1  1200 1745  22NOV  E  KE/6X7Y55
  4 AP 02-950-7000-A IDK TRAVEL
  5 TK OK26JUL/SELK1394Z
  6 OPW SELK1394Z-30JUL:1600/1C7/KE REQUIRES TICKET ON OR BEFORE
        31JUL:1600 ICN TIME ZONE/TKT/S2-3
  7 OPC SELK1394Z-31JUL:1600/1C8/KE CANCELLATION DUE TO NO
        TICKET ICN TIME ZONE/TKT/S2-3
  8 RM NOTIFY PASSENGER PRIOR TO TICKET PURCHASE & CHECK-IN:
       FEDERAL LAWS FORBID THE CARRIAGE OF HAZARDOUS MATERIALS -
       GGAMAUSHAZ/S2-3
  * SP 26JUL/AASU/SELK1394Z-6YLAYE
```

• EF 도 2번 한다

③ 분리된 New PNR 저장 : EF (Parent=Original PNR 조회됨)

- ④ Original/Parent PNR 저장 : ET(2번 한다)

```
> ET
WARNING: SECURE FLT PASSENGER DATA REQUIRED FOR TICKETING PAX 1
WARNING: MISSING SSR CTCM MOBILE OR SSR CTCE EMAIL OR SSR CTCR NON-CONSENT
          FOR KE
*TRN*
> ET

END OF TRANSACTION COMPLETE - 6X7Y55 SP-6YLAYE
*TRN*
```

④ Original/Parent PNR 저장 : ET

• ET 도 2번 한다

Origin PNR

Split한 NEW PNR

1.3 PNR Split 예(2단계 ⑤-⑦)

⇨ 변경을 요청한 고객의 NEW PNR을 조회하여 변경한다.

⑤ 변경하고자 하는 New(Associated) PNR 조회	:	**RT6YLAYE**
⑥ 돌아오는 NYCSEL 3번 여정을 11월 28일로 변경	:	SB28NOV3
⑦ 변경된 New PNR 저장	:	**ET**

- **Spliting 2단계(⑤-⑦) Split 예**

- ⑤ 변경하고자 하는 New(Associated) PNR 조회

```
> RT6YLAYE    ⑤ 변경하고자 하는 New(Associated) PNR 조회      : RT6YLAYE
--- AXR RLR SFP ---
RP/SELK1394Z/SELK1394Z                AA/SU  26JUL25/1218Z   6YLAYE
  1.YOO/MIJIMS
  2  KE 081 Y 11NOV 2 ICNJFK HK1  1000 1000  11NOV  E  KE/6YLAYE
  3  KE 082 Y 21NOV 5 JFKICN HK1  1200 1745  22NOV  E  KE/6YLAYE
  4 AP 02-950-7000-A IDK TRAVEL
  5 TK OK26JUL/SELK1394Z
  6 OPW SELK1394Z-30JUL:1600/1C7/KE REQUIRES TICKET ON OR BEFORE
        31JUL:1600 ICN TIME ZONE/TKT/S2-3
  7 OPC SELK1394Z-31JUL:1600/1C8/KE CANCELLATION DUE TO NO
        TICKET ICN TIME ZONE/TKT/S2-3
  8 RM NOTIFY PASSENGER PRIOR TO TICKET PURCHASE & CHECK-IN:
       FEDERAL LAWS FORBID THE CARRIAGE OF HAZARDOUS MATERIALS -
       GGAMAUSHAZ/S2-3
  * SP 26JUL/AASU/SELK1394Z-6X7Y55
*TRN*
```

- ⑥ 돌아오는 NYCSEL 3번 여정을 11월 28일로 변경
  ⑦ 변경된 New PNR 저장

```
> SB28NOV3
```
⑥ 돌아오는 NYCSEL 3번 여정을 11월 28일로 변경 : SB28NOV3

```
--- AXR RLR SFP ---
RP/SELK1394Z/SELK1394Z            AA/SU  26JUL25/1218Z   6YLAYE
  1.YOO/MIJIMS
  2  KE 081 Y 11NOV 2 ICNJFK HK1  1000 1000  11NOV  E  KE/6YLAYE
  3  KE 082 Y 28NOV 5 JFKICN DK1  1200 1745  29NOV  E  0 74H M
     SEE RTSVC
  4 AP 02-950-7000-A IDK TRAVEL
  5 TK OK26JUL/SELK1394Z
  6 OPW SELK1394Z-30JUL:1600/1C7/KE REQUIRES TICKET ON OR BEFORE
        31JUL:1600 ICN TIME ZONE/TKT/S2
  7 OPC SELK1394Z-31JUL:1600/1C8/KE CANCELLATION DUE TO NO
        TICKET ICN TIME ZONE/TKT/S2
  8 RM NOTIFY PASSENGER PRIOR TO TICKET PURCHASE & CHECK-IN:
       FEDERAL LAWS FORBID THE CARRIAGE OF HAZARDOUS MATERIALS -
       GGAMAUSHAZ/S2-3
  * SP 26JUL/AASU/SELK1394Z-6X7Y55
*TRN*
> ET
```
⑦ 변경된 New PNR 저장 : **ET**

```
WARNING: SECURE FLT PASSENGER DATA REQUIRED FOR TICKETING PAX 1
WARNING: MISSING SSR CTCM MOBILE OR SSR CTCE EMAIL OR SSR CTCR NON-(
          FOR KE
*TRN*
> ET
END OF TRANSACTION COMPLETE - 6YLAYE
*TRN*
```

Q : Split 문제 : 주어진 조건으로 PNR 작성 및 조치를 하시오.

PAX	YANG/KWANSIKMR　OH/AESONMS　YANG/AGAMISS(DOG:2025.3.7.)
ITIN	11월 11일 SELPAR, KE, Y-Class
	11월 21일 PARSEL, KE, Y-Class
SR	OH/AESOONMS - 해산물
	YANG/AGAMISS - BBML
AP	여행사 02-950-0000 IDK TRAVEL
	YANG/KWANSIKMR – Mobile 010-5432-9876
* 예약 후, YANG/KWANSIKMR 돌아오는 날짜를 11월 25일로 변경하시오.	

- Split된 New(Associated) PNR

```
--- AXR RLR ---
RP/SELK1394Z/SELK1394Z            AA/SU  27JUL25/1235Z   558MEB
  1.YANG/KWANSIKMR
  2  KE 901 Y 11NOV 2 ICNCDG HK1  1205 1830  11NOV  E  KE/558MEB
  3  KE 902 Y 25NOV 2 CDGICN HK1  2100 1710  26NOV  E  KE/558MEB
  4 AP 02-950-0000-A IDK TRAVEL
  5 APM 010-5432-9876
  6 TK OK27JUL/SELK1394Z
  7 OPW SELK1394Z-31JUL:1600/1C7/KE REQUIRES TICKET ON OR BEFORE
        01AUG:1600 ICN TIME ZONE/TKT/S2
  8 OPC SELK1394Z-01AUG:1600/1C8/KE CANCELLATION DUE TO NO
        TICKET ICN TIME ZONE/TKT/S2
  * SP 27JUL/AASU/SELK1394Z-557QKS
*TRN*
```

- Origin(Parent) PNR

```
> RTAXR

  AXR FOR PNR:                          558MEB   27JUL 2135
  1.OH/AESOONMS(- 1    557QKS
  2.YANG/KWANSIK- 1      *

*TRN*

> RT1

--- AXR RLR ---
RP/SELK1394Z/SELK1394Z            AA/SU  27JUL25/1234Z   557QKS
  1.OH/AESOONMS(INFYANG/AGAMISS/07MAR25)
  2  KE 901 Y 11NOV 2 ICNCDG HK1  1205 1830  11NOV  E  KE/557QKS
  3  KE 902 Y 21NOV 5 CDGICN HK1  2100 1710  22NOV  E  KE/557QKS
  4 AP 02-950-0000-A IDK TRAVEL
  5 TK OK27JUL/SELK1394Z
  6 SSR INFT KE HK1 YANG/AGAMISS 07MAR25/S2
  7 SSR INFT KE HK1 YANG/AGAMISS 07MAR25/S3
  8 SSR SFML KE HK1/S2
  9 SSR SFML KE HK1/S3
 10 SSR BBML KE HK1/S2
```

2. Copying PNRs [HE COPY]

- 이미 작성된 PNR Data를 **전체 또는 부분적으로 Copy하여** New PNR 작성 시 활용하는 편리한 기능.

> Tip Copying 지시어 & 내용

Entry	응 답
RRI : ITIN Only 여정만 ※ITIN=Itinerary	**> RRI** -IGNORED 6P5AVG- [대상 PNR은 자동 Ignore됨] RP/SELK13UA3/ 1 KE 901 Y 20DEC 1 ICNCDG HK1 1330 1810 744 E 0 2 KE 902 Y 05JAN 2 CDGICN HK1 2350 1630*1 744 E 0
RRN :ITIN & PAX 정보 여정과 승객 정보	**> RRN** -IGNORED 6P5AVG- RP/SELK13UA3/ 1 KE 901 Y 20DEC 1 ICNCDG HK1 1330 1810 744 E 0 2 KE 902 Y 05JAN 2 CDGICN HK1 2350 1630*1 744 E 0 3 AP SEL 02-950-7824
RRP : PAX정보 Only 승객 정보만	**> RRP** -IGNORED 6P5AVG- RP/SELK13UA3/ 1 KIM/SONNIMMS [PAX정보 : 성명+연락처] 2 AP SEL 02-950-7824
RRA : ITIN & PAX정보 ORGN PNR & New PNR 간 AXR Record 생성 RRN+AXR Record	**> RRA** -IGNORED 6P5AVG- RP/SELK13UA3/ 1 KE 901 Y 20DEC 1 ICNCDG HK1 1330 1810 744 E 0 2 KE 902 Y 05JAN 2 CDGICN HK1 2350 1630*1 744 E 0 3 AP SEL 02-950-7824 ***RR**22SEP/AAGS/SELK13UA3-6P5AVG [=AXR Record] 주) *RR : Copy PNR 나타냄 **AXR : Associated Cross-reference**

- RRI : Itinerary(여정)만 Copy

```
--- RLR ---
RP/SELK1394Z/SELK1394Z            AA/SU  26JUL25/1019Z   6XN2UI
  1.OH/AESOONMS    2.YANG/KWANSIKMR
  3  KE 901 J 11NOV 2 ICNCDG HK2  1205 1830  11NOV  E  KE/6XN2UI
  4  KE 902 J 21NOV 5 CDGICN HK2  2100 1710  22NOV  E  KE/6XN2UI
  5 AP 02-950-0000-A IDK TRAVEL
  6 APM 010-2345-6789
  7 TK OK26JUL/SELK1394Z
  8 OPW SELK1394Z-07AUG:1600/1C7/KE REQUIRES TICKET ON OR BEFORE
        09AUG:1600 ICN TIME ZONE/TKT/S3-4
  9 OPC SELK1394Z-09AUG:1600/1C8/KE CANCELLATION DUE TO NO
        TICKET ICN TIME ZONE/TKT/S3-4/P1-2
*TRN*
> RRI
```

RRI

: ITIN Only

여정만

```
-IGNORED 6XN2UI-
RP/SELK1394Z/
  1  KE 901 J 11NOV 2 ICNCDG DK2  1205 1830  11NOV  E  0 77W M
     BLOCKSPACE CODESHARE FLIGHT
     SEE RTSVC
  2  KE 902 J 21NOV 5 CDGICN DK2  2100 1710  22NOV  E  0 77W M
     BLOCKSPACE CODESHARE FLIGHT
     SEE RTSVC
*TRN*
```

- RRN :
  Itinerary(여정) & Passenger(승객) 정보

```
> RRN
```

RRN

:ITIN & PAX 정보

여정과 승객 정보

```
-IGNORED 6XN2UI-
RP/SELK1394Z/
  1  KE 901 J 11N                      1205 1830
     BLOCKSPACE CODESHARE FLIGHT
     SEE RTSVC
  2  KE 902 J 21NOV 5 CDGICN DK2  2100 1710
     BLOCKSPACE CODESHARE FLIGHT
     SEE RTSVC
  3 AP 02-950-0000-A IDK TRAVEL
  4 APM 010-2345-6789
*TRN*
```

- RRP :
  Passenger(PAX, 승객) 정보만

```
> RRP
```

RRP

: PAX정보 Only

승객 정보만

```
-IGNORED 6XN2UI-
RP/SELK1394Z/
  1.OH/AESOONMS    2.YANG/KWANSIKMR
  3 AP 02-950-0000-A IDK TRAVEL
  4 APM 010-2345-6789
*TRN*
```

Tip Copying 추가 지시어

Code	포함 내용
RRN/5	RRN + 좌석 수는 5석으로 변경하여 Copy
RRN/CY	RRN + Booking Class는 Y로 변경하여 Copy [/C : Change 지시어]
RRN/S7	RRN + Seg 번호 7번만 Copy
RRN/P2,4	RRN + PAX 번호 2, 4번의 승객명도 함께 Copy
RRN/S4D15DEC	RRN + Seg 번호 4번의 날짜를 12월 15일로 변경하여 Copy
RRN/S7CH	RRN + Seg 번호 7번은 Booking Class를 H로 변경하여 Copy

3. NHP(Non Homogeneous PNR) [HE NHP]

- PNR 작성 시 **특정구간에 대해 예약된 전체 승객이 아닌, 일부 승객만 이용하는 경우 사용할 수 있는 기능이다.**

- 즉, 여정 중 일부 구간에 대해 승객의 숫자와 여정의 좌석 숫자가 불일치한 상태로 PNR을 작업하는 기능이다. 자발적인 불일치, NHP 기능을 이용하여 PNR을 만든다.

- PNR 완성 후에는 **Split(Divide)의 경우와 마찬가지로 해당 승객의 PNR이 별도로 분리되어 저장된다.**

- PNR Header에 ***NHP***라는 Tag와 **AXR(Associated Cross-Reference Record)** 정보가 생성된다.

※ Q : PNR을 작성하면서 NHP를 본적이 있다면?

A : PNR 실습할 때, 고객은 2명인데 1좌석만 요청했을 때 PNR에 ***NHP***가 나타나는 것을 볼 수 있었다.

```
                         ***  NHP  ***
RP/SELK1394Z/
  1.HA/HOHOMS    2.HA/HIHIMR
  3  KE 901 Y 11NOV 2 ICNCDG DK1  1205 1830  11NOV  E  0 77W M
     BLOCKSPACE CODESHARE FLIGHT
     SEE RTSVC
*TRN*
```

> Tip **NHP PNR Handling 절차**

- **NHP 이용한 PNR 작성이 필요한 상황**
  - 고객 : YANG/EUNMYEONGMR, BOO/HYUNSOOKMS
  - 일정 : 11월 11일 SELPAR(2명 함께)
    11월 21일 PARSEL(YANG/EUNMYEONGMR만 귀국)

- **① 고객 이름 입력**

```
>  NM1YANG/EUNMYEONGMR 1BOO/HYUNSOOKMS

RP/SELK1394Z/
  1.YANG/EUNMYEONGMR    2.BOO/HYUNSOOKMS
*TRN*
```

- **② 여정(Itinerary) 입력**

- SELPAR 2좌석 요청

```
AN11NOVSELLON/AKE
** AMADEUS AVAILABILITY - AN ** LON LONDON.GB
 1   KE 907  F6 AL J9 C9 D9 I7 R5 /ICN 2 LHR
             Z9 Y9 B9 M9 S9 H9 E9 K9 L9 U9 Q9
*TRN*

> SS2Y1

RP/SELK1394Z/
  1.YANG/EUNMYEONGMR    2.BOO/HYUNSOOKMS
  3  KE 907 Y 11NOV 2 ICNLHR DK2  1040 1630
     SEE RTSVC
*TRN*
```

- PARSEL 1좌석 요청 : ***NHP*** 생성

```
> ACR21NOV     ACR21NOV = AN21NOVPARSEL/AKE
AN21NOVLONSEL/AKE -AC-
** AMADEUS AVAILABILITY - AN ** SEL SEOUL.KR
 1   KE 908  F6 AL J9 C8 D2 IL RL /LHR 4 ICN 2  1
             Z9 Y9 B9 M9 S9 H9 E9 K9 L9 U9 Q9 T9
*TRN*

> SS1Y1
                                  ***  NHP  ***
RP/SELK1394Z/
  1.YANG/EUNMYEONGMR    2.BOO/HYUNSOOKMS
  3  KE 907 Y 11NOV 2 ICNLHR DK2  1040 1630   11NO
     SEE RTSVC
  4  KE 908 Y 21NOV 5 LHRICN DK1  1850 1615   22NO
     SEE RTSVC
*TRN*

> AP02-950-0000-A IDK TRAVEL
```

- **③ 돌아오는 여정 PARSEL 이용 Passenger를 연결한다 : 4/P1**
  - PARSEL, Element 번호 4를 Passenger 1.YANG/EUNMYEONGMR과 연결한다.

```
> 4/P1
                              ***  NHP  ***
RP/SELK1394Z/
  1.YANG/EUNMYEONGMR    2.BOO/HYUNSOOKMS
  3  KE 907 Y 11NOV 2 ICNLHR DK2   1040 1630
     SEE RTSVC
  4  KE 908 Y 21NOV 5 LHRICN DK1   1850 1615
     /P1
     SEE RTSVC
  5 AP 02-950-0000-A IDK TRAVEL
  6 APM 010-2345-6789/P1
*TRN*
```

- **④ 저장한다. : ER 2번**

- **⑤ 일행의 PNR을 쉽게 찾을 수 있다**
  - RTAXR ==> RT1 (1.BOO/HYUNSOOK PNR 조회 가능)

```
--- AXR RLR ---
RP/SELK1394Z/SELK1394Z            AA/SU  27JUL25/0340Z   NEIKYB
  1.YANG/EUNMYEONGMR
  2  KE 907 Y 11NOV 2 ICNLHR HK1  1040 1630  11NOV  E  KE/NEIKYB
  3  KE 908 Y 21NOV 5 LHRICN HK1  1850 1615  22NOV  E  KE/NEIKYB
  4 AP 02-950-0000-A IDK TRAVEL
  5 APM 010-2345-6789
  6 TK OK27JUL/SELK1394Z
  7 OPW SELK1394Z-31JUL:1600/1C7/KE REQUIRES TICKET ON OR BEFORE
        01AUG:1600 ICN TIME ZONE/TKT/S2-3
  8 OPC SELK1394Z-01AUG:1600/1C8/KE CANCELLATION DUE TO NO
        TICKET ICN TIME ZONE/TKT/S2-3
  * SP 27JUL/AASU/SELK1394Z-NHP PROC
*TRN*
> RTAXR     일행의 PNR List를 쉽게 찾을 수 있다
  AXR FOR PNR:                              NEIKYB    27JUL 1241
  1.BOO/HYUNSOOK-  1    NEIEPN
  2.YANG/EUNMYEO-  1      *

*TRN*
```

4. GROUP 예약

- **단체의 구성 요건**
  성인 10명 이상의 구성원이 두 구간 이상의 동일 구간(왕복)을 같은 날짜에 여행하는 경우이다. **(어린이 2명을 성인 1명으로 간주)**

- **단체의 형태**

  ① 실제 승객이 없는 상태에서 좌석만을 **선확보 후 모객한다.** [ex, 패키지 여행사]

  ② **승객이 모객된 상태**에서 좌석을 확보한다. [ex, 인센티브 등]

- **단체예약의 특성**

  ① 일반 TOPAS SellConnect Mode에서 대한항공 즉, 1A SUA(System User Airline)의 경우 기본적으로 Group Seat 예약이 가능하다.
  (1A SUA : AF/KE/KL/BA/AY/SA/SV/LH/CS/SQ 등)

  - 그 외 1A SUA 아닌 타 System 사용 항공사는 해당 항공사로 직접 요청하여야 한다.

  ② 단체 예약은 PNR을 작성한 뒤 항공사로 Queue를 통해 PNR을 전송하여 Request한 뒤, **차후** 항공사로부터 **좌석확약의 여부를** 전송받아야 한다.

- **단체 PNR의 구성 : 필수 구성요소 4가지 [P.I.N + SR(GRPF) 입력]**

> ① **이름(또는 단체명)**
> ② **여정**
> ③ **전화번호**
> ④ **Group Fare Basis (=GRPF) : SR**

4.1 성명(단체명) : 성명은 단체명을 사용해 입력한다.

NG20IDU TOUR

NG	: Name Group 이름 입력 지시어
20	: 총인원 수
IDU TOUR	: 단체명

```
> NG20IDU TOUR

RP/SELK1394Z/
0. 20IDU TOUR    NM: 0
*TRN*
```

주) **0.** : Element 번호가 **1.**이 아닌 0번으로 반영된다.
(실제 이름이 입력된 것이 아니므로 0번으로 반영된다.)
NM: 0 : 입력된 승객 명단이 없음을 의미한다.

4.2 여정의 작성

① Short Sell Entry(좌석 가능편 Availability 조회 후 요청)

AN11NOVSEKBKK/AKE ☞ **SS20G2/SG**

SS20G1/SG

SS	Segment Sell
20	요청 좌석 수
G	Group Booking Class
2	1번 Line
/SG	**Sell Group 기본 지시어**

- **AN11NOVSELBKK/AKE**

```
> AN11NOVSELBKK/AKE

AN11NOVSELBKK/AKE
** AMADEUS AVAILABILITY - AN ** BKK BANGKOK.TH
 1   KE 657   J9 CL DL IL RL Z2 Y1 /ICN 2 BKK
              B1 M1 S1 H1 E1 K1 L1 U1 Q1 TL G1
 2   KE 651   JL CL DL IL RL ZL Y2 /ICN 2 BKK
              B2 M2 S2 H2 E2 K2 L2 U2 Q2 T1 G2
 3   KE 653   J9 C9 D9 I9 R9 Z3 Y9 /ICN 2 BKK
              B9 M9 S9 H9 E9 K9 L9 U9 QL TL G9
 4   KE 659   J9 C5 D1 IL RL Z3 Y9 /ICN 2 BKK
              B9 M9 S9 H9 E9 K9 L9 U9 Q9 T1 G9
*TRN*
```

⇨ • **SS20G2/SG**

```
> SS20G2/SG

RP/SELK1394Z/
0. 20IDU TOUR   NM: 0
  1  KE 651 G 11NOV 2 ICNBKK HN20 172
     SEE RTSVC
*TRN*
```

② Long Sell Entry(직접 Direct 예약)

SSKE652G21NOVBKKSEL **SG20**

SG20 : Sell Group 기본 지시어+요청좌석 수

```
> SSKE652G21NOVBKKSELSG20

RP/SELK1394Z/
0. 20IDU TOUR   NM: 0
  1   KE 651 G 11NOV 2 ICNBKK HN20 1720 2130
      SEE RTSVC
  2   KE 652 G 21NOV 5 BKKICN HN20 2315 0640
      SEE RTSVC
*TRN*
```

주) HN : Holding Need

4.3 Group Fare 입력

```
SRGRPF KE-GV10 ICNBKKICN
```

주) 1) SRGRPF KE- : SRGRPF(한 칸 띄우고) 항공사 Code-(하이픈)까지 필수
2) 운임의 종류(Fare Basis)는 'GV10'으로 통일한다.

※ GV10 : 10명 이상의 Group에 적용하는 운임이라는 의미이며,
GRP 구성원이 10명이라는 의미는 아님을 주의한다.
따라서 20명일 때도 'GV10'이라고 입력한다.

※ 실제 적용하는 운임 확인 방법 : FQDSELBKK/AKE/D11JAN/R,-GRP
(부록 참조)

4.4 AP 입력

```
AP02-950-0000-A IDK TRAVEL
```

: 여행사 연락처 필수

```
APM-010-2345-6789 SEO/GUIDE MS
```

: 가이드 이름/연락처 입력

● SRGRPF KE- 입력

```
> SRGRPF KE-GV10 ICNBKKICN

RP/SELK1394Z/
0. 20IDU TOUR  NM: 0
  1  KE 651 G 11NOV 2 ICNBKK HN20 1720
     SEE RTSVC
  2  KE 652 G 21NOV 5 BKKICN HN20 2315
     SEE RTSVC
  3 SSR GRPF KE GV10 ICNBKKICN
*TRN*
```

● AP(연락처) 입력

```
> APM-010-2345-6789 SEO/GUIDEMS

RP/SELK1394Z/
0. 20IDU TOUR  NM: 0
  1  KE 651 G 11NOV 2 ICNBKK HN20 1720
     SEE RTSVC
  2  KE 652 G 21NOV 5 BKKICN HN20 2315
     SEE RTSVC
  3 AP 02-950-0000-A IDK TRAVEL
  4 APM 010-2345-6789 SEO/GUIDEMS
  5 SSR GRPF KE GV10 ICNBKKICN
*TRN*
```

4.5 저장 : ER(저장하고, PNR 조회)

```
> ER

--- RLR ---
RP/SELK1394Z/SELK1394Z              AA/SU  27JUL25/0739Z   5492VT
0. 20IDU TOUR  NM: 0
  1  KE 651 G 11NOV 2 ICNBKK HN20 1720 2130  11NOV  E  KE/5492VT
  2  KE 652 G 21NOV 5 BKKICN HN20 2315 0640  22NOV  E  KE/5492VT
  3 AP 02-950-0000-A IDK TRAVEL
  4 APM 010-2345-6789 SEO/GUIDEMS
  5 TK OK27JUL/SELK1394Z
  6 SSR GRPF KE GV10 ICNBKKICN
*TRN*
```

4.6 이름 입력

NM1HONG/KILDONGMR : Individual PNR 이름 입력 방법과 동일

```
> NM1HONG/KILDONGMR

--- RLR ---
RP/SELK1394Z/SELK1394Z              AA/SU  27JUL25/0739Z   5492VT
0. 19IDU TOUR  NM: 1
  2  KE 651 G 11NOV 2 ICNBKK HN20 1720 2130  11NOV  E  KE/5492VT
  3  KE 652 G 21NOV 5 BKKICN HN20 2315 0640  22NOV  E  KE/5492VT
  4 AP 02-950-0000-A IDK TRAVEL
  5 APM 010-2345-6789 SEO/GUIDEMS
  6 TK OK27JUL/SELK1394Z
  7 SSR GRPF KE GV10 ICNBKKICN
*TRN*
```

0. 20IDU → 0. 19IDU로 변경/ NM: 0 → NM: 1로 변경

4.7 입력된 이름 확인

RTN

```
> RTN
RP/SELK1394Z/SELK1394Z            AA/SU   27JUL25/0739Z   5492VT
0. 19IDU TOUR   NM: 1
BKD:20            CNL: 0                 SPL: 0
 1.HONG/KILDONGMR
*TRN*
```

4.8 이름 취소(단체 좌석 수 변경 없이 입력된 승객의 이름 삭제)

2G　　　2　:　2번 승객

```
> RTN
RP/SELK13UA3/SELK13UA3      AA/GS    22SEP/1220Z   6VP5JU
1234-5678
  0. 18INDUK TOUR      NM : 2
 BKD : 20          CNL : 0              SPL : 0
 1. HONG/KILDONGMR        2.SIM/CHEONGMS

> 2G
 --- RLR ---
RP/SELK13UA3/SELK13UA3      AA/GS    22SEP/1220Z   6VP5JU
1234-5678
  0. 19INDUK TOUR      NM : 1

> RTN
RP/SELK13UA3/SELK13UA3      AA/GS    22SEP/1220Z   6VP5JU
1234-5678
  0. 19INDUK TOUR      NM : 1
 BKD : 20          CNL : 0              SPL : 0
 1.HONG/KILDONGMR
```

주) KE는 Group 내 명단 지우기가 지원되지 않으므로 주의가 필요하다.

4.9 GROUP 감원

- **No Name에서 감원**

XE0.3	XE :	취소 기본 지시어
	0. :	No Name Field / 구분 코드
	3 :	감원하고자 하는 인원 수

```
--- RLR ---
RP/SELK1394Z/SELK1394Z                    AA/SU  27JUL25/0814Z   5492VT
0. 18IDU TOUR   NM: 2
  3  KE 651 G 11NOV 2 ICNBKK HN20 1720 2130  11NOV  E  KE/5492VT
  4  KE 652 G 21NOV 5 BKKICN HN20 2315 0640  22NOV  E  KE/5492VT
  5 AP 02-950-0000-A IDK TRAVEL
  6 APM 010-2345-6789 SEO/GUIDEMS
  7 TK OK27JUL/SELK1394Z
  8 SSR GRPF KE GV10 ICNBKKICN
*TRN*
> XE0.3
--- RLR ---
RP/SELK1394Z/SELK1394Z                    AA/SU  27JUL25/0814Z   5492VT
0. 15IDU TOUR   NM: 2
  3  KE 651 G 11NOV 2 ICNBKK HN17 1720 2130  11NOV  E  KE/5492VT
  4  KE 652 G 21NOV 5 BKKICN HN17 2315 0640  22NOV  E  KE/5492VT
  5 AP 02-950-0000-A IDK TRAVEL
  6 APM 010-2345-6789 SEO/GUIDEMS
  7 TK OK27JUL/SELK1394Z
  8 SSR GRPF KE GV10 ICNBKKICN
*TRN*
```

- **No Name 및 입력된 승객 감원**

① SP0.15,1 : Noname 명단 15명으로, 명단 입력된 인원 1명으로 감원요청

※ 감원된 3명과 명단 1경의 PNR은 SPLIT PNR로 저장된다.

```
> SP0.15,1

--- RLR ---
-ASSOCIATE PNR-
RP/SELK1394Z/SELK1394Z            AA/SU   27JUL25/0814Z    XXXXXX
0. 15IDU TOUR   NM: 1
  2  KE 651 G 11NOV 2 ICNBKK HN16 1720 2130  11NOV  E  KE/5492VT
  3  KE 652 G 21NOV 5 BKKICN HN16 2315 0640  22NOV  E  KE/5492VT
  4 AP 02-950-0000-A IDK TRAVEL
  5 APM 010-2345-6789 SEO/GUIDEMS
  6 TK OK27JUL/SELK1394Z
  7 SSR GRPF KE GV10 ICNBKKICN
  8 SSR GRPS YY TCP 20 IDU TOUR
  * SP 27JUL/AASU/SELK1394Z-5492VT
*TRN*
```

② EF ⇨ ③ ET

```
> EF

--- RLR ---
-PARENT PNR-
RP/SELK1394Z/SELK1394Z            AA/SU   27JUL25/0814Z    5492VT
0.  3IDU TOUR   NM: 1
  2  KE 651 G 11NOV 2 ICNBKK HN4  1720 2130  11NOV  E  KE/5492VT
  3  KE 652 G 21NOV 5 BKKICN HN4  2315 0640  22NOV  E  KE/5492VT
  4 AP 02-950-0000-A IDK TRAVEL
  5 APM 010-2345-6789 SEO/GUIDEMS
  6 TK OK27JUL/SELK1394Z
  7 SSR GRPF KE GV10 ICNBKKICN
  8 SSR GRPS YY TCP 20 IDU TOUR
  * SP 27JUL/AASU/SELK1394Z-54EH8B
*TRN*

> ET

END OF TRANSACTION COMPLETE - 5492VT SP-54EH8B
*TRN*
```

Q : Group PNR 작성 : 주어진 조건으로 PNR 작성 및 조치를 하시오.

PAX	IDU Party(16명)
ITIN	11월 11일 SELHKG, KE, G-Class
	11월 21일 HKGSEL, KE, G-Class
AP	여행사 02-950-0000 IDK TRAVEL
	가이드 010-2345-6789 PARK/GUIDEMS
명단	LEE/HAHAMR, KIM/HOHOMS(2명 명단 입력)
기타	필요한 사항을 입력하여 Group PNR을 완성하시오.
	※ 필요한 사항은 무엇일까요? [ ]
* 예약 후, 명단 확인을 하시기 바랍니다.	

```
> NM1LEE/HAHAMR 1KIM/HOHOMS

--- RLR ---
RP/SELK1394Z/SELK1394Z          AA/SU  27JUL25/1254Z  55A3K6
0. 14IDU PTY  NM: 2
  3  KE 171 G 11NOV 2 ICNHKG HN16 0810 1120  11NOV  E  KE/55A3K6
  4  KE 176 G 21NOV 5 HKGICN HN16 1810 2245  21NOV  E  KE/55A3K6
  5 AP 02-950-0000-A IDK TRAVEL
  6 APM 010-2345-6789 PARK/GUIDEMS
  7 TK OK27JUL/SELK1394Z
  8 SSR GRPF KE GV10 SELHKGSEL
*TRN*
```

```
--- RLR ---
RP/SELK1394Z/SELK1394Z          AA/SU  27JUL25/1254Z  55A3K6
0. 14IDU PTY  NM: 2
  3  KE 171 G 11NOV 2 ICNHKG HN16 0810 1120  11NOV  E  KE/55A3K6
  4  KE 176 G 21NOV 5 HKGICN HN16 1810 2245  21NOV  E  KE/55A3K6
  5 AP 02-950-0000-A IDK TRAVEL
  6 APM 010-2345-6789 PARK/GUIDEMS
  7 TK OK27JUL/SELK1394Z
  8 SSR GRPF KE GV10 SELHKGSEL
*TRN*

> RTN

RP/SELK1394Z/SELK1394Z          AA/SU  27JUL25/1254Z  55A3K6
0. 14IDU PTY  NM: 2
BKD:16              CNL: 0                  SPL: 0
  1.LEE/HAHAMR   2.KIM/HOHOMS
*TRN*
```

Memo Pad

5. 예약코드(Reservation Status Code) **[HE CODE]**

● 예약Code란?

- 항공좌석을 예약하기 위해서는 일련의 지시어(Entry)를 통해 요청하고(Action Code)
- 항공사로부터 그에 대한 응답(Advice Code)을 받아
- 유지되는 상태코드(Status Code) 형태로 이루어지는 것을 의미한다.
- 즉, 요청코드 ⇨ 응답코드 ⇨ 상태코드 순으로 이루어진다.
- 전 세계 항공사는 IATA가 정해놓은 여러 예약Code를 공통적으로 사용한다.

5.1 예약코드의 흐름

● 예약코드의 흐름도

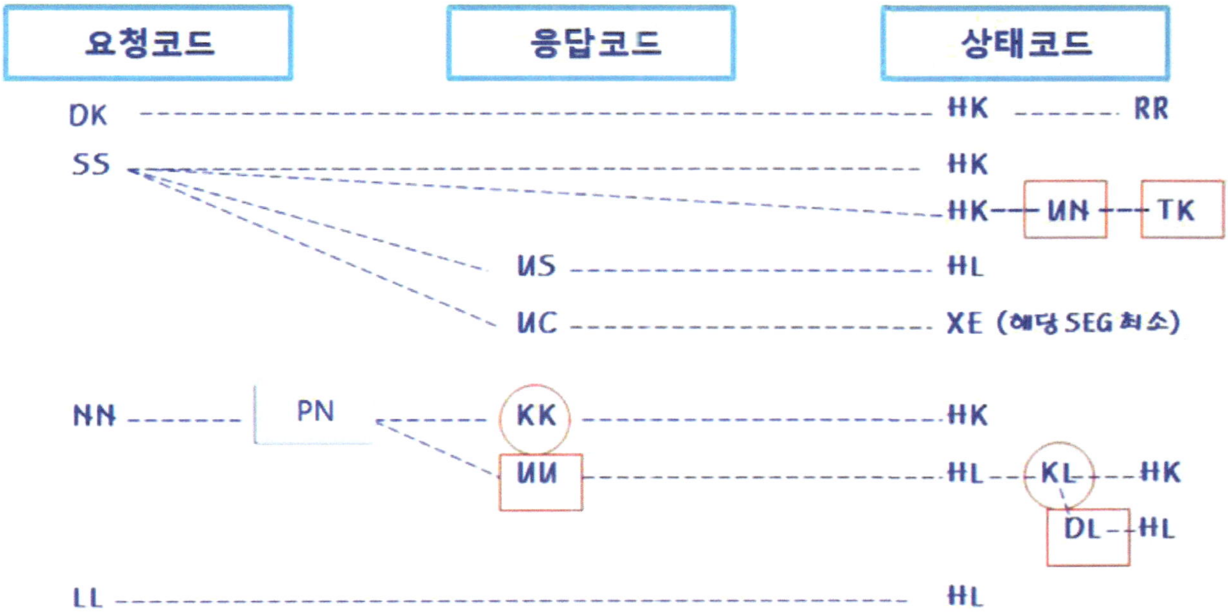

- 예약코드는 **요청코드** 상태에서 바로 **상태코드**로 되는 것도 있으며, **요청코드**가 **응답코드** 형태를 거쳐 **상태코드**로 되는 것도 있다.

- **응답코드 또는 상태코드 중**에는 예약기록에 적합한 상태코드 형태로, **예약 담당자가 변경/정리하여야 하는 것**이 있다.

- **확인 후 변경이 필요한 예약코드**

① KK, KL, TK는 반드시 HK로 수동으로 변경하여야 한다.

⇨ 요청 또는 대기자 상태에서 예약이 확약된 Confirm/OK Sign으로 **대기자 HL이 응답코드 KK/KL로 변경되는데,**

- KK/KL은 장시간 방치하면 여행을 취소한 것으로 간주, 다시 대기상태인 DL로 자동 변경된다.

- 따라서 수락의 의미인 HK로 변경하여야 유효하다.

② UU, DL은 대기 상태코드인 HL로 변경하여야 한다.

③ UN, UC는 XE로 취소하여야 한다.

- UN : No Operation,

- UC : Unable to Confirm

④ **UN과 TK는 함께 보여지는데, UN은 취소하고 TK는 HK로 변경한다.**

- TK : Will Confirm

- 이미 예약된 Segment의 출발/도착 시간의 변경 등이 발생했을 때 나타난다.

5.2 예약 상태코드로의 변경

- 응답코드는 반드시 상태코드로 변경하여 현재 좌석의 상태가 어떠한지를 명확히 Clear시켜야 한다.
- 상태코드로의 정리 방법은 두 가지가 있다.

① 자동 정리 : 변경이 필요한 SEG의 상태코드가 자동으로 변경될 뿐만 아니라 저장과 조회까지도 한번에 가능하다.

ETK OR
(상태코드 자동정리 + PNR 저장)

ERK
(상태코드 자동정리 + PNR 저장 + **PNR 조회)**

예1)

```
1. LEE/GOGAEGMR      2. OH/SONNIMMS
3 KE 901 Y 20DEC  1 ICNCDG   UN2     1330   1810    744  E  0
4 KE 901 Y 20DEC  1 ICNCDG   TK2     1350   1830    744  E  0
5 KE 902 Y 05JAN  2 CDGICN   HK2     2350   1630*1  744  E  0

> ETK  or  ERK
4 KE 901 Y 20DEC  1 ICNCDG   HK2     1350   1830    744  E  0
5 KE 902 Y 05JAN  2 CDGICN   HK2     2350   1630*1  744  E  0
```

예2)

```
3 KE 901 Y 20DEC  1 ICNCDG   KL2     1330   1810    744  E  0

> ETK  or  ERK
3 KE 901 Y 20DEC  1 ICNCDG   HK2     1330   1810    744  E  0
```

5.3 예약코드의 종류

구 분	코드	내 용
요청코드 여행사 ↓ 항공사 & 항공사 ↓ 항공사	NN	Need. 좌석 및 부대 서비스 요청 시 사용하는 가장 기본적인 코드
	LL	Add to Waiting List. 대기자로 예약할 경우 사용하는 코드
	DK	Segment Sell, 좌석을 판매한 상태
	PK	타 GDS에서 예약한 여정의 경우, 발권을 위해 사용하는 코드
	GK	실제 예약이 이루어지지 않은 상태에서 Fare Pricing용으로 사용되며, 발권은 불가하고 해당 항공사로 메시지 전송은 되지 않는 코드
	SG	Group Booking 시 사용되는 요청코드
응답코드 항공사 ↓ 여행사 & 항공사 ↓ 항공사	KK	Confirming. 요청된 내용이 OK되었음을 통보함
	UU	Unable-Have Waitlisted. 요청된 좌석이 현재는 불가하며, 대기자 명단에 있음 통보.
	US	Sell & Report 체결에 의해 판매하였으나, 해당 항공사가 Accept하지 않아 대기자에 있음. (HS가 US로 변경되기도 함)
	UC	Unable to Confirm or Waitlist. 대기자도 불가함을 통보.
	UN	Unable, Flight does Not Operate. 요청한 비행편이 운항하지 않음을 통보함.
	NO	No Action Taken. 요청사항이 잘못되었거나 기타의 사유로 Action을 취하지 않았음 통보. 사유는 Fact Field에 통보됨.
	KL	대기자 명단에 있던 승객이 대기자로부터 좌석이 OK되었음.
	TK	출발시간 변경이나 FLT NO 변경으로 인해 변경된 SKD로 OK되었음을 통보. 주로 UN/TK가 함께 보여진다(HK->UN->TK).
	TL	기존 대기 상태에서 출발시간 변경이나 FLT NO 변경으로 인해 변경된 SKD로 대기자 명단에 List되었음을 통보(HL->UN->TL)
	HX	항공사에 의해 여정이 취소되었음 통보. Fact난에 사유 나타남
상태코드	HK	Holds Confirmed. 예약이 확약되어 있는 상태.
	HL	Have Waitlisted. 예약이 대기자 명단에 올려 있는 상태.
	RR	Reconfirmed. 예약 재확인까지 마친 상태.
기타 코드	HN	Pending for Reply. 항공사 좌석을 NN으로 요청하고 응답이 오기까지 유지되는 코드. 그룹의 경우 SG로 요청하면 HN으로 보여진다.
	DL	Deleted from Confirming List. KL 상태에서 대기자로 되돌려진 상태.
	HG	GRP BKG에서 다른 SEG가 Confirm되면 OK가 가능하다는 Information.

부록

항공운송산업의 이해

부록 1. 우리나라 국적 항공사 목록

No	국문 항공사명	영문 항공사명	IATA	ICAO	국가	사업모델
1	대한항공	Korean Air	KE	KAL	South Korea	Full Service Carrier
2	아시아나항공	Asiana Airlines	OZ	AAR	South Korea	Full Service Carrier
3	제주항공	JEJU air	7C	JJA	South Korea	Low Cost Carrier
4	진에어	Jin Air	LJ	JNA	South Korea	Low Cost Carrier
5	에어부산	Air Busan	BX	ABL	South Korea	Low Cost Carrier
6	이스타항공	Eastar Jet	ZE	ESR	South Korea	Low Cost Carrier
7	티웨이항공	Tway Air	TW	TWB	South Korea	Low Cost Carrier
8	에어서울	Air Seoul	RS	ASV	South Korea	Low Cost Carrier
9	에어프레미아	Air Premia	YP	APZ	South Korea	Low Cost Carrier
10	에어로K	Aero K	RF	EOK	South Korea	Low Cost Carrier
11	에어인천	Air Incheon	KJ	AIH	South Korea	Cargo

출처 : https://www.airportal.go.kr/stats/industry/industryAirplane.do

부록 2. IATA Fast Travel Program 운영 Self-Service 내용

분야	내 용
1. Check-in (셀프 체크인)	고객이 셀프서비스 채널(온라인/모바일/kiosk/자동화)을 이용, 셀프 체크인 및 보딩패스 발급 가능
2. Bags ready-to-go (셀프 수하물수속)	고객이 kiosk나 집에서 전자 수하물표를 프린트하여 수하물에 부착 가능 또는 셀프 백드랍(Self Bag-drop) 카운터 이용하여 수속 가능
3. Document Check (셀프 여행서류수속)	목적지 또는 환승지 국가기준에 맞는 여행서류(여권, 비자, ID 카드, 운전면허증 등)를 스스로 스캔(scan) 가능
4. Flight Re-booking (셀프 예약변경)	항공편 취소/지연 등의 비정상운항 발생 시 항공사에서 제시한 대체 항공편을 온라인/모바일/kiosk 통해 스스로 재예약 가능
5. Self-boarding (셀프 보딩)	고객이 자동화된 탑승게이트 기기에 스스로 보딩패스 스캔 가능
6. Bag Recovery (셀프 수하물손상 보상요청)	항공사의 오류로 손상된 수하물 보상요청을, 신청을 위해 서비스 카운터에 줄서서 기다리지 않고 온라인/모바일/kiosk 통해 스스로 보상요청 가능

출처 : IATA Fast Travel Program, 2019.

부록 3. 항공예약 – Booking Class 확인 방법

- 기본 지시어 : FQDSELNYC/AKE/D11NOV/IL,X
  FQD출발지목적지**/A**항공사 코드**/D**출발일**/IL,X(**저렴한 운임부터 조회)

⇨ 여러 가지 Option을 사용하여 운임을 조회할 수 있다.

Entry	내용 설명
FQDSELBKK/**A**TG	특정항공사와 YY 운임 조회
FQDSELBKK/**A**TG,KE,CX	복수항공사 지정(최대 3까지 가능)
FQDSELBKK/**D**10MAY	미래날짜(5월 10일) 지정 운임조회
FQDSELBKK/**D**11MAR**06**	과거날짜 지정(연도까지 지정 필수)
FQDSELBKK/**D**MAY	3개월간 운임 조회(5월 1일부터)
FQDSELBKK/**D**1MAY*12MAY	정확한 OUT/IN-Bound 날짜 지정
FQDSELBKK/**C**M	특정 Booking Class(M) 지정
FQDSELBKK/**A**TG/**K**F	Cabin Position 지정
FQDSELPAR/**V**TS	GI를 지정(TS)한 운임조회
FQDSELBKK/I**X**	낮은 운임부터 높은 운임 순으로 조회
FQDSELBKK/AKE/IX,L	낮은 운임부터, 항공사 LIST 제외
FQDSELBKK/**IO** FQDSELBKK/**IR** FQDSELBKK/IH FQDSELBKK/IL	편도운임 조회 FQDSELBKK/IO 왕복운임 조회 FQDSELBKK/IR 1/2RT 운임조회 **FQDSELBKK/IH/R,NUC** **항공사 LIST 제외하고 조회**
FQDSELBKK/R,-GRP	단체(Group)운임 조회 **FQDSELBKK/R,-GRP**
FQDSELBKK/**S**	Shopper display
FQDSELLAX/**R,**-CH-IN-SD	* 승객 Type 지정 조회(최대 3개까지) CH(Child), IN(Infant), SD(Student)
FQDSELBKK/**R,**AT	모든 TAX 포함 조회
FQDSELSEL/**A**KE/**V**RW	세계일주 운임 조회
FQDNYCWAS/**A**US/**R,**VA	VUSA(Visit USA) Fare 조회

■ Option의 결합 순서

- 각 option은 slash(/)로 구분되어야 한다.
- Option 간의 순서는 없으나, **/R option은 맨 뒤에 와야 한다.**

FQDSELBKK/AKE/D1MAR/R,-GRP/IL

Entry 화면 1

```
> fqdselbkk/ake/d1mar/r,-grp/il

FQDSELBKK/AKE/D1MAR/R,-GRP/IL
ROE 1098.739 UP TO 100.00 KRW
01MAR17**01MAR17/KE SELBKK/GRP;EH/TPM  2286/MPM  2743
LN FARE BASIS    OW    KRW  RT    B PEN  DATES/DAYS    AP MIN MAX R
01 GLGV10                 804400 G  +  S01MAR  27APR   -  2+  15 M
>                                                PAGE  1/ 1

> fqdselbkk/ake/d10feb/r,-grp/il

FQDSELBKK/AKE/D10FEB/R,-GRP/IL
ROE 1098.739 UP TO 100.00 KRW
10FEB17**10FEB17/KE SELBKK/GRP;EH/TPM  2286/MPM  2743
LN FARE BASIS    OW    KRW  RT    B PEN  DATES/DAYS    AP MIN MAX R
01 GHGV10                 889800 G  +  S16DEC  28FEB   -  2+  15 M
>                                                PAGE  1/ 1
```

Entry 화면 1

```
> fqdselakl/ake/d1mar/ix,l

FQDSELAKL/AKE/D1MAR/IX,L
ROE 1098.739 UP TO 100.00 KRW
01MAR17**01MAR17/KE SELAKL/NSP;EH/TPM  5998/MPM  7197
LN FARE BASIS    OW    KRW  RT    B PEN  DATES/DAYS    AP MIN MAX R
01 ELEKZ                 1400000 E  +  S25FEB  27APR   + -   12M R
02 ELEKZ1                1550000 E  +  S25FEB  27APR   + -   12M R
03 HLEKZ                 1550000 H  +  S25FEB  27APR  -  -   12M R
04 MLEKZ                 1700000 M  +  S25FEB  27APR  -  -   12M R
05 HLEKZ1                1750000 H  +  S25FEB  27APR  -  -   12M R
06 BLEKZ                 1900000 B  +  S25FEB  27APR  -  -   12M R
07 MLEKZ1                1900000 M  +  S25FEB  27APR  -  -   12M R
08 BLEKZ1                2150000 B  +  S25FEB  27APR  -  -   12M R
09 MSDRTKE               2500000 M  +     -       -    + -  -   12M R
```

부록 4. 인천국제공항 알아보기

학번________________이름________________

1. T 2 이용 항공사 : 총_______개

항공사 이름	Code	항공사 이름	Code	항공사 이름	Code

2. 교통약자 우대 출구(Fast Track)

구 분	개수	위 치
T2		
T1		

3. 자동출입국 등록 방법

구 분	장소	방 법
T2		
T1		

4. 겨울코트 보관 서비스

<table>
<tr><th>구 분</th><th>위치</th><th colspan="2">유/무료 여부(유료 시 금액)</th></tr>
<tr><td rowspan="2">KE</td><td rowspan="2"></td><td>① 무료</td><td></td></tr>
<tr><td>② 유료</td><td>얼마?</td></tr>
<tr><td rowspan="2">OZ</td><td rowspan="2"></td><td>① 무료</td><td></td></tr>
<tr><td>② 유료</td><td>얼마?</td></tr>
</table>

5. Check-in Counter 수는?

구 분	개수	국적 FSC 이용 Counter는? (개수/위치)	
T2		KE	
T1		OZ	

6. Self Check-in & Self Bag-Drop 개수는?

구 분	Self Check-in	Self Bag-Drop	비고
T2			
T1			

7. ICN APT 출국장 내 여행사와 고객 미팅장소는?

구 분	위치	여행사 이름
T2		
T1		

8. ICN APT 내 긴급여권 발급 관련: 발급형태, 가격, 장소, 기준은?

9. ICN APT 활주로 수는?

10. 기타

: 인천공항 알아보기를 통해 알게 된 것 중에 중요하다고 생각되는 정보는?

구 분	내 용

Memo Pad

Memo Pad

Memo Pad

저자약력

서선

e-mail: ss@induk.ac.kr

현재, 인덕대학교 관광서비스경영학과 교수(2005~)
(주)대한항공 서울여객지점(1985~2005)
경기대학교 대학원 관광경영학과(관광학 박사)
경기대학교 대학원 관광경영학과(관광학 석사)
성신여자대학교 영어영문학과(문학사)

CRS 항공여객 예약 실무

2025년 8월 25일 초판 1쇄 인쇄
2025년 8월 30일 초판 1쇄 발행

저 자 서 선
펴낸이 진성원
펴낸곳 (주)백산출판사
교 정 성인숙
본문디자인 오행복
표지디자인 오정은

저자와의 합의하에 인지첩부 생략

등 록 2017년 5월 29일 제406-2017-000058호
주 소 경기도 파주시 회동길 370(백산빌딩 3층)
전 화 02-914-1621(代)
팩 스 031-955-9911
이메일 edit@ibaeksan.kr
홈페이지 www.ibaeksan.kr

ISBN 979-11-7385-059-2 93980
값 18,000원